Die Nürnbergische Universität Altdorf

und ihre großen Gelehrten

Hans Recknagel

Die Nürnbergische Universität Altdorf
und ihre großen Gelehrten

1998

1. Auflage

Gesamtherstellung: Druckerei Carl Hessel GmbH
Nürnberger Straße 5, 90537 Feucht

im Eigenverlag

ISBN 3-00-003737-3

Die Drucklegung wurde gefördert von der Stadt Altdorf

Für meine Frau

Die Universitätsgebäude, Ölgemälde nach einem Stich von J. Gg. Puschner, 1714

Vorwort

Die vielgestaltige Landschaft, in die Altdorf zwischen Schwarzachtal und Jura eingebettet ist, und das romantische Stadtbild sind von einem einzigartigen Reiz, dem nicht nur Besucher und Gäste erliegen. Ihr charakteristisches Gepräge hat diese Stadt durch ihre Geschichte erhalten. Aus dem Alltäglichen herausgehoben wurde dieses Landstädtchen durch die Errichtung der Nürnbergischen Universität Altdorf am 29. Juni 1623. Während des fast 200jährigen Bestehens der Hohen Schule bestimmte sie die Geschicke und das Aussehen von Altdorf.
Auf Schritt und Tritt, sei es im Wichernhaus, in der Laurentiuskirche, auf dem Friedhof, in ehemaligen Professorenhäusern oder im Doktorsgarten, auf Schritt und Tritt begegnet man den Spuren dieser glanzvollen Geschichte. Diesen Schatz gilt es zu hüten und zu pflegen! Mit diesem historischen Kapital muß man arbeiten!
Dazu sollen auch dieses Buch und das Universitätsmuseum dienen und die Besucher an die größte Sehenswürdigkeit Altdorfs erinnern. Im Torgewölbe, durch das man den wunderschönen Universitätshof betritt, wird auch heute noch der Besucher mit dem lateinischen Satz begrüßt:

„INTROEUNTIBUS ET EXEUNTIBUS FELICITATEM"
(Den Kommenden und den Scheidenden Glück!)

Ohne die Hilfe zahlreicher Firmen und Personen hätte dieses Buch nicht veröffentlicht werden können. Ich möchte dafür herzlich danken der Nürnberger Versicherungsgruppe, der Siemens AG, der VGN, der FÜW, der Raiffeisenbank Altdorf-Feucht, der Kreissparkasse Altdorf, der Suspa-Compart und H.P. Bauer, P. Burghard, K.H. Wucherer, S. und U. Bollmann, S. Hungershausen, G. John als Verwalter des Nachlasses von K. Lengenfelder, dem Altdorfer Stadtrat und Bürgermeister R. Pohl!

Altdorf, am 29. Juni 1998

Hans Recknagel

I. DIE GESCHICHTE DER ALTDORFER UNIVERSITÄT

Historische Ereignisse springen selten mit einem Satz ins Dasein - das ist häufiger ein nervöses Trippeln und ein zögerndes Probieren. Auch im Bezug auf die Hohe Schule zu Altdorf sollte man eher von Anfängen und mehreren Ansätzen sprechen. Es begann 50 Jahre, wenn man genau sein will, 100 Jahre früher und nicht in Altdorf.

Im Mai 1526 war unter der Anteilnahme der Creme der deutschen Humanisten und Reformatoren Melanchthon, Luther, Pirkheimer, Paumgartner, Dürer, Camerarius, Hessus, Rotin und Schoner u.a. das Gymnasium zu St. Egidien mit immensem Aufwand aus der Taufe gehoben worden.
Neun Jahre später ist das Feuerwerk verglüht und die Hohe Schule am Ende, und Erasmus von Rotterdam spottet, daß die Nürnberger nicht nur die Lehrer, sondern auch ihre Schüler besolden sollten. Am 10. Mai 1565 schreibt der einstige Gründungsrektor des Egidien-Gymnasiums Joachim Camerarius an den Curator der Nürnberger Schulen und an den Rat der Stadt:

„Wie im Land zu Meissen an drey Orten in des Churfürsten zu Sachsen Gebieth solche Schulen seyn umher in das zwey und zwanzigste Jahr, und erscheinet deren ersprießlicher Nutz.
Dergestalt könnte bey einer fürnehmen Stadt auch eine sondere Schul verordnet werden, wie jetzund zu Görlitz, an welchem Ort ein verledigt Kloster dazu geeignet ist. Und wäre zwar zu rathen, da ausserhalb einer Stadt die Gelegenheit möchte zu haben seyn, deren Stelle und sonst, daß daselbst solche Schule angerichtet würde.
Aus vielerei Ursachen und fürnehmlich, daß weniger occasion und Zufälle gegeben, dadurch die Jugend an der Lehr und Zucht verhindert möcht werden.
Solches Orts Gelegenheit hat man bey Nürnberg in dem Closter Engelthal oder dergleichen umliegenden Städtlein zu finden.
Da aber gedachtes Closter Engelthal oder dergleichen hiezu nicht wol möcht vorgewendt werden, so möcht man dergleichen Schul in einem, wie obgemeldt, umliegenden Städtlein anrichten mit gemeiner Stadt Ruhm, der Unterthanen merklichen Nuz und der Jugend Aufnehmen, dazu vielleicht meines Verstands die Stadt Herspruck nit ungelegen seyn würde."

Die zögernde Haltung des Rats führt zu einem regen Briefwechsel; schließlich soll 1567 eine Delegation Engelthal, Hersbruck und Altdorf inspizieren, die dann eindeutig für Altdorf optiert:

„In dem Städtlein Altdorf hat es der Burgerschaft halber, da die Kostjungen möchten untergebracht werden, nit geringere Gelegenheit dann zu Herspruck, sondern viel besser, und sind die Häuser besser dazu erbauet...
Aber unten in der Silbergasse ist ein Büttners Haus und Garten an der Stadtmauer, dahin könnte mit bester Gelegenheit ein fein ganz Collegium gebauet und nach aller Nothdurft und Bequemlichkeit zugerichtet werden, für drey Professoren und einen Pedellen. Und da meine Herren zu Anrichtung dieses löblichen Werks in dieß Städtlein Lust hätten, weil es auch eigen und nit Lehen ist, möchte dieser Locus der bequemste seyn, als der abwegs von der Strasse liegt...
Jedoch weil die Wasser allda sehr ungesund und nit gut seyn, müste ein gut Röhrenwasser vom Hegnenberg, welches gleichwohl etwas weit, hereingeführet und auch in das Collegium geleitet werden, sonsten der sumpfichten und todten Wasser halber, allerley schwere Seuchen zu besorgen".

Auch der siebzigjährige Camerarius (1500-1574) wird gebeten, die drei Orte zu besichtigen; er hat aber die Fertigstellung des Collegiums, wie es in dem Bericht schon genannt wurde, nicht mehr erlebt.

Am 30. September 1571 wird in der Silbergasse der Grundstein an der Nord-West-Ecke des Hauptgebäudes gesetzt. In den Stein werden eine silberne Gedenkmünze und eine Flasche Wein eingemauert.

Zugegen sind Vertreter des Nürnberger und Altdorfer Stadtrats und der Stadtbaumeister Bartholomäus Grolock. Die Sandsteinquader für den Bau werden in der später so genannten Löwengrube gebrochen.

Medaille zur Grundsteinlegung mit der Umschrift: „Christus ist das Fundament unseres Heils".

Die Einweihung des Gymnasiums, Rollbild 110 x 114 cm

Die Spendenliste für die Baukosten nennt alle Namen des Nürnberger Patriziats, und die von G.A. Will errechnete Summe von ca. 5000 Gulden dürfte weit überschritten worden sein. Übrigens haben sich viele Spender ein Wohnrecht für ihre studierenden Söhne im ersten oder zweiten Stock des Hauptgebäudes erkauft.

Die Einweihung des Gymnasiums

Am 29. Juni 1575 werden das Hauptgebäude und der Westflügel feierlich eingeweiht. Was Rang und Namen hatte im Nürnberger, Pfälzer und Markgräfler Territorium war vertreten. Vor allem aber muß der Rektor der neuen Schule genannt werden, Valentin Erythraeus, der von der Straßburger Akademie hierher berufen wurde. Er hat dieser Adels- und Patrizier-Schule (schola nobilis et patriciae) das humanistische und schon das akademische Gepräge gegeben. Auf dem ersten Bildplan von Altdorf ist der Festzug der Gäste zum neuen Gebäude dargestellt, an der Spitze fünf Trompeter in roten Gewändern. Die spärliche Bebauung des Städtchens nördlich des Marktplatzes ist noch eine Folge der Einäscherung durch Markgraf Albrecht Alcibiades im Jahre 1553.

Der Ostflügel, das Torhaus und der Brunnen fehlen noch. Die Wasserleitung aus Holzröhren von einer Quelle bei Hegnenberg in den Kollegienhof hat 1576 der erste Mathematiker Johannes Praetorius veranlaßt. Den Brunnen selbst mit der Athenestatue als der Schutzherrin der Wissenschaften hat um 1585 der Nürnberger Erzgießer Georg Labenwolf geschaffen. Den Ostflügel mit dem größten Hörsaal, dem Auditorium Welserianum, hat 1582 der Augsburger und Nürnberger Patrizier Sebald Welser laut Inschrift *„auf seine Kosten ausstatten und ausbauen lassen"* (*sua impensa exornari fecit*). Das Torhaus mit einem Buchladen und der Wohnung des Pedells wurde 1583 fertiggestellt. Der Gebäudekomplex war von Anfang an in einem Ausmaß geplant, das den Raumbedarf eines Gymnasiums weit überschritt. Auch die vom Rat der Stadt geforderte besondere Qualifikation der Lehrer hatte nicht nur ein Gymnasium im Sinn. Und schon dreieinhalb Jahre später wurde dieses Ziel erreicht.

Schulordnung des Gymnasiums von 1576

Die Erhebung zur Akademie

Der Syndikus der Reichsstadt, Joachim König, erreichte am kaiserlichen Hof in Prag die Erhebung zur Akademie:

„Wir, Rudolf II., von Gottes Gnaden und Gunst erwählter Römischer Kaiser, allzeit Mehrer des Reichs, König von Deutschland, Ungarn, Böhmen, Dalmatien, Kroatien, Slawonien etc. .... bestimmen und befehlen, daß durch das Kollegium der gewählten und geeigneten Professoren ...... nach einem strengen und sorgfältigen Examen .... in Philosophie und den freien Wissenschaften (des Triviums) der Titel eines Bakkalaureus oder eines Magisters erteilt werden kann ..... und daß man sich nicht zur unrechtmäßigen Aneignung der Privilegien und Rechte einer universalen Akademie versteige... bei Strafe von 100 Mark reinen Goldes....Gegeben in unserer königlichen Burg, am 26. November Anno Domini 1578..."

Verkündet wurde diese Urkunde erst am 29. Juni 1580, und wieder ein Jahr später wurden die ersten vier Magistertitel verliehen.
Die Akademie, nun nicht mehr nach Klassen, sondern nach den vier Fakultäten gegliedert, florierte. Namhafte Gelehrte wie Praetorius, Donellus, Gentilis und Taurellus waren der ausschlaggebende Grund für den großen Zustrom von Studenten. Andere Gründe waren

Pallas Athene, Brunnenfigur von Georg Labenwolf, 1585

die Pflege und Lehre des Reichsrechts und römischen Rechts und die Orientierung an der gemäßigten konfessionellen Richtung von Melanchthon, die auch sehr viele osteuropäische Adelssöhne anzog.

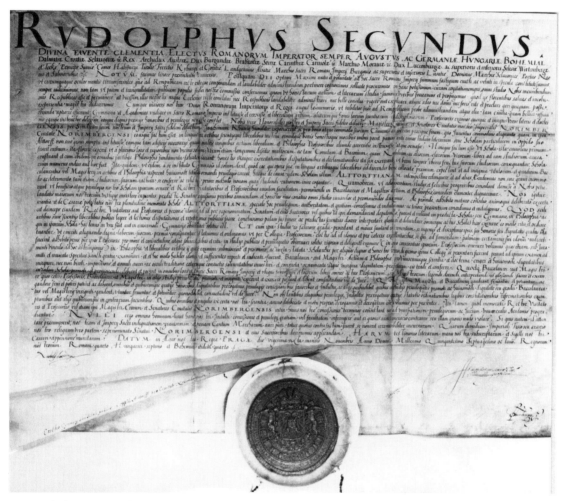

Die Erhebung zur Akademie durch Kaiser Rudolf II.

Die Universitätserhebung

Es dauerte nahezu 50 Jahre, bis endlich am 3. Oktober 1622 Kaiser Ferdinand II. die Urkunde zur Universitätserhebung unterzeichnete. Gegengezeichnet ist sie durch den Erzkanzler des Reiches Joh. Schweikhard von Cronberg, Erzbischof von Mainz, durch den Vizekanzler Johann Ludwig Reichsfreiherr von Ulm und durch den Geheimsekretär Hermann von Questenberg, der in der späteren Intrige um Wallenstein eine Rolle spielen sollte.
Die Nürnberger Gesandten am Hof zu Wien, die das Vorhaben der protestantischen Reichsstadt gegenüber dem gegenreformatorisch gesinnten Kaiser durchsetzten, waren der Ratsherr Christoph Fürer von Haimendorf und der Ratskonsulent Dr. Georg Achatius Heher.
Die Gegenleistungen der Stadt für das Universitätsprivileg waren hoch: Nürnberg, einer der Pfeiler der Reformation in Süddeutschland, mußte aus dem evangelischen Bündnis der „Union" ausscheiden. Dem Kaiser mußten 25 000 Gulden Hilfsgelder, der sogenannte Reichssukkurs, bezahlt werden. Und allein die Kanzleigebühren betrugen 900 Gulden.
Nachdem in der umfangreichen sechzehnseitigen Urkunde die alten Rechte, Freiheiten, Immunitäten und Würden anerkannt und bestätigt wurden, kommt man zum entscheidenden Punkt:

„Statuimus et ordinamus ... Beschließen und befehlen Wir, daß durch ein Kollegium von Doktoren und Professoren ..... in den oben genannten Fakultäten das Bakkalaureat, der Magister- und Doktortitel, die Lehrbefugnis und der Dichterlorbeer ....verliehen und damit ausgezeichnet werden soll und kann..."

Ausschlaggebend und wichtig ist die Formulierung „in den oben genannten Fakultäten (in supra nominatis facultatibus)"! Denn nirgends in der langen Urkunde wird die theologische, genauer die protestantisch-theologische Fakultät genannt!
Daß in den Anfängen des 30jährigen Krieges durch den Anführer der Gegenreformation einer evangelischen Fakultät das Promotionsrecht verweigert wird, ist verständlich. Zumal dieser Schönheitsfehler der neuen Universität nach Briefen der Gesandten mit zusätzlichen Geldspritzen zu beheben gewesen wäre, aber der Stadtsäckel war erschöpft. So fand nach Joh. Jac. Baier die *„vollkommenste kaiserliche Begnadigung der Univer-*

sität", nämlich auch der Theologen, erst 70 Jahre später, am 10. Dezember 1696, durch Kaiser Leopold I. statt.

Den eigentlichen Festakt legte man nach einigem Zögern - man befand sich in den Anfängen des großen Krieges – auf den Tag „Peter und Paul", den 29. Juni des Jahres 1623. An diesem Tag war das Gymnasium 1575 eingeweiht worden, an diesem Tag wurden jährlich der Rektor und die Dekane gewählt, dieser Tag wurde dann das Jahresfest der Altdorfer Universität, der *dies academicus!* Eine Proklamation wurde vorab den Nürnberger Untertanen von den Kanzeln verlesen. Das Festprogramm sah folgendes vor: Johannes Saubert, Pfarrer an der Frauenkirche, sollte die Predigt halten. Ein Universitätssiegel und Universitätsszepter und neue Talare wurden besorgt. Der Ratskonsulent Dr. Johann Christoph Oelhafen sollte die deutsche Festrede halten, und noch weitere Reden sollten folgen. Vor allem sollten sich die Studenten in Zurückhaltung üben. Rektor Georg Nößler packte sie bei ihrer Ehre und fragte, was sie zum Fest beisteuern könnten:

„*Quid primum? Modestiam! (Zu allererst Bescheidenheit!) Quid secundum? Modestiam! Quid tertium? Modestiam!*"

Sie haben Wort gehalten!

Bei strahlendem Sonnenschein zogen die Angehörigen der Universität zum Pflegschloß, um dann mit den Ehrengästen in feierlicher Prozession zur Kirche zu gehen. Einige Namen seien genannt: der Altdorfer Pfleger Georg Pömer; Georg Otto Pfalzgraf bei Rhein und Herzog zu Bayern; die kai-

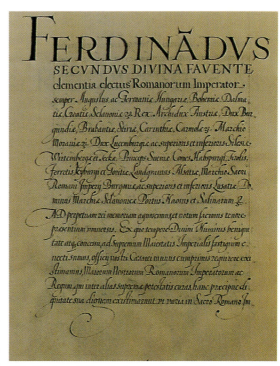

Die Universitätserhebung durch Kaiser Ferdinand II., erste und letzt Seite der Urkunde

serlichen Kommissare Heinrich Herrmann Freiherr von Burgmilchling und Georg Albrecht Freiherr von Wolfstein. Selbstverständlich waren alle Nürnberger Ratsherren, Patrizier und Pfleger anwesend, vor allem die vier Kuratoren und Scholarchen: Christoph Fürer von Haimendorf, Georg Christoph Volckamer, Ulrich Grundherr und Karl Schlüsselfelder. Der Gottesdienst mit Predigt, Festrede, Verlesung der Privilegien, Dank- und Schlußrede von Prokanzler und Rektor dauerte fünf Stunden. Die übrigen Reden wurden auf den anderen Tag verschoben. Und nachdem Urkunden, Matrikel und Insignien im Auditorium Welserianum verwahrt waren, sind 200 Ehrengäste im Schloß und 400 im Schloßhof bei einem Festmahl *„gar köstlich tractiret worden."*

„Über dieses hat man noch von allerley andern anwesenden Gästen mehr als 400 auf E.E. Magistrats Unkosten bewirthet, und also in lauter Lust und Frölichkeit das neue Hohe Schul-Fest celebriret. Wie dann wohl merckwürdig ist, daß in so großer Anzahl der Menschen, weder im Schloß, noch in den Wirthshäußern und sonsten, der geringste Tumult oder Schlag-Handel passiret, sondern alles in Liebe und Vergnügen abgangen ist; zumahlen aber die Herren Studiosi sich sonderbahr bescheiden und höfflich gegen jedermann aufgeführet haben."
(Joh. Jac. Baier)

Zur Erinnerung an diesen Tag verehrten der Innere Rat und die Kuratoren dem Rektor und seinem Senat einen vergoldeten Silberpokal von etwa 57 cm Höhe und einem Durchmesser von 15 cm. Der Deckel ist gekrönt mit Pallas Athene mit Eule, Lanze und den Nürnberger Wappen im Schild. Dieser Ehrenpokal ging leider verloren.

Den 200 Ehrengästen aber schenkte der Rat zwei silberne Gedenkmünzen: Die Medaille zeigt auf der Vorderseite den Reichsadler mit den Nürnberger Wappen als Hinweis auf die Urheber, auf der Rückseite einen Doktorhut über einem aufgeschlagenen Buch mit der griechischen Inschrift „Der Tugend und Ehre". Darum reihen sich die Wappen des Inneren Rats. Die schöne Renaissance-Klippe trägt vorne das Nürnberger Wappen und auf der anderen Seite die lateinische Inschrift *Universitas Altorphina erecta MDCXXIII (Die Altdorfer Universität errichtet 1623)*. Der Tag klang aus mit einer lateinischen Komödie in fünf Akten von Magister Christophorus Speccius „Von der Freundschaft des Titus und Gisippus". Sie wurde vom Autor und einigen Studenten im Universitätshof aufgeführt.

Festschrift zur Universitätserhebung *Die Gedenkmedaillen von 1623*

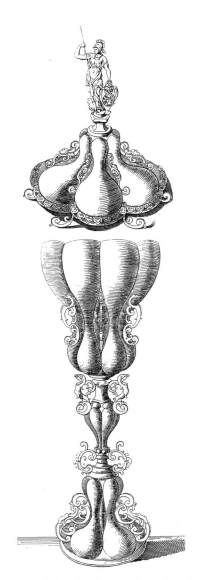

Ehrenpokal der Stadt Nürnberg für den Senat

Die Universität im 30jährigen Krieg

Acht Jahre nach diesem glanzvollen Fest haben die Not und das Elend des Krieges das Landstädtchen erreicht. Im Staatsarchiv Nürnberg ist ein handschriftlicher Bericht von 37 Seiten erhalten, der die Besetzung Altdorfs vom 19. bis zum 29. November 1631 durch den Oberst Heinrich Holck beschreibt. Der Verfasser ist wahrscheinlich der Notar Conrad Iberer oder der Jurist Prof. Wilhelm Ludwell:

„Relatio oder eigentlicher und wahrhaffter Verlauff, wie es nembl. mit einnemmung der Statt Altdorff, von Sambstag den 19. Novemb. biß den 29. Eiusdem Ao 1631 hergangen. Demnach im Nahmen und auf befelch Ihr Hochgräfl. Excellentz, Herr Johann Grave Tserclaes von Tilly der Wolgeborne Herr, Herr Heinrich Holck, der Röm. Kayßl. auch zu Ungarn und Beheim Königl. Mayest: Cammerer und Obrister, Sambstag den 19. Novemb: Zwischen 8. und 9. uhr Zu früe mit ungefehr Tausent Reuttern in aigener Person vor hiesige Statt Altdorff kommen, dieselbige durch einen Trommeter ufffodern und fragen laßen, ob wir alhie deß Kayßers Freundt oder Feindt? Hath der Ehrenveste und Hochgelehrte Herr Wilhelm Ludtwell J.u.D. et Prof.Publ. mit Ihr Gnaden selbsten sowol wegen hiesiger Universitet, alß auch der Statt in Underthenigkeit zuconferiren begert, Alß nun ihr Gndn. hierzu guedig verstanden, Ist uff der Academi seiten ehrngedachter

Wir Johann, Grave Tserclaes von Tilly, Freyherr von Mar-
beiß, Herr zu Balastre, Montigni vnd Braiteneck etc. Der Römischen Kayserlichen auch
zu Hungarn vnd Böheim Königlichen Mayestät, etc. vnd der Churfürstlichen Durchleüchtigkeit
in Bayern, etc. General Leütenant, Rats vnd Cämmerer, etc. Thun hiemit vnd in Krafft
diß kundt vnd zuwissen, Daß Wir auß gewissen vnd erheblichen vrsachen die Universitet zue
Altdorff mit allen derselben adpertinentien in Vnsere sonderbahre protection, schutz vnd schirm
vfgenommen, damit selbige bey Jren würden, privilegien, Jmmuniteten vnd Freyheiten, Vn-
perturbirt gelassen werde, welchen ends wir dan vnd vmb mehrer sicherheit willen, Hierauff
diß Vnsere Special Salvam Guardiam ertheilet haben. Befehlen darauff allen vnd
Jeden beyden vns vntergebenen vnd anvertrawten Keyserlichen vnd Catholischen Bunds
Armaden, hohen vnd niedern Befelchshabern, Wie auch ins gemein allen Soldaten zu Roß vnd
Fuß, mit Ernst vnd bey vnaußbleiblicher Straffe, Diese Vnsere salvam Guardiam in allwege
zu respectiren. Vielermelte Vniversitet zue Altdorff sambt allen derselben an- vnd zugehö-
rungen nit allein bey Jren würden, privilegien, Jmmuniteten vnd Freyheiten zulassen, sondern
vmb somehr darbey zu manuteniren vnd schützen, sondern auch mit Eigentsähigen ein Quartierun-
gen nit zubelegen, noch darmit zubeschweren, Ingleichen vor Ranzionen, devastationen, Rauben vnd
Brandtschatzungen, So dann vor sämptlichen feindlichen Einfällen vnd Angreiffen, Plünderungen
vnd Beschwernißen, ohn molestiret zulassen vnd allerdings zuentheben, so lieb jnen sey obangedraw-
te Straff zuvermeiden, darnach sich ein jeder zurichten, vnd vor schaden zu hüten wissen wird. Geben
im Quartier Reicherßdorff bey Nürmberg den andern December Anno Sechzehenhundert vnd Ain
vnd dreyssigsten

Tilly   (L.S.)

Schutzbrief Tillys für die Universität und die Stadt vom 2.12.1631

Herr D. Wilhelm Ludtwell, und Notarius, sambt etlichen Herren studiosis, mit Herrn Stattschreiber und ettlichen des Raths Ihr Gndn. Vor das Obere thor, biß an den Scheidtweg, so uff Gronsperg zugehet, entgegengangen, do Ihr Gndn. alßbalden einem jedlichen die handt geboten, darauff den jetzigen Nürnbergischen betrübten Zustandt und hernach mit gar gelinden und frdl. wortten im Nahmen und auf Befelch, Herrn General Tillys für sich und die seinigen Quartier, auch solche Statt in dero Schutz zuübergeben begert...."

Bericht über Holcks Attacke und Tillys Durchmarsch durch Altdorf

Die Verhandlungen sind zäh. Der 32jährige, rücksichtslose Oberst droht mit Plünderung und Gewalttat (sie wollten *„niemandts, auch der Kinder im Mutterleib nit verschonen")* und fordert zunächst 4000 Reichstaler. Schließlich bleiben insgesamt Forderungen von etwa 1000 Talern übrig, weil jedes Kommando und jeder Offizier wieder andere Summen nennt. Tillys Truppen aber ziehen sich in die pfälzisch-böhmischen Winterquartiere zurück.

Am 23. Februar 1632 rückt Tillys Armee von Neumarkt vor Altdorf. Nach dem Bericht des Notars der Universität zieht das Nürnberger Kommando ab; Tillys Armee zieht aber nur durch die Stadt und quartiert sich in den Dörfern ein. Er selbst wird vorm Unteren Tor durch Rektor Nößler, durch den Senat und durch Studenten begrüßt. Er erneuert den Schutzbrief, die Salva Guardia, für die Universität und die Stadt. Die Atmosphäre ist gnädig, ja freundlich, und Oberst Altringer teilt mit, *„Herr General wollte den Namen nicht haben, daß er weder in dem Nürnbergischen noch Marggräfischen einige Feindseligkeit verübet hätte..."*.

Der Leibarzt Martinus Gisius, er hatte hier studiert, wollte den Mediziner Nößler wegen Tillys *„Leibs-Indisposition und böser Schenkel halber"* zu Rate ziehen, aber die Kürze der Zeit verhinderte eine Konsultation. Am Abend empfängt Tilly im Schloß nochmals Rektor und Senat, dann ist dieser Spuk vorbei. Am 15. April wird der 73jährige in Rain/Lech schwer verwundet und stirbt am 30. April in Ingolstadt.

Am 8. Juni 1632 werden zwölf Angehörige der Universität auf dem Heimweg von Nürnberg nach Altdorf von Kroaten überfallen. Ein Student wird getötet, die übrigen nach Neumarkt gebracht und zehn Personen gegen Lösegeldforderungen von 2300 Reichstalern freigelassen. Nur Rektor Nößler muß als Arzt im Wallensteinischen Heer bleiben. Er kommt erst nach fast einem halben Jahr nach der Schlacht bei Lützen wieder frei, um eine goldene Ehrenkette von Wallenstein, um 500 Gulden Honorar und um bittere Erfahrungen reicher. Der Mathematiker Daniel Schwenter - er soll nach Andreas Gryphius das Rüpelspiel von Peter Squentz aus Shakespeares „Sommernachtstraum" erstmals übersetzt haben - lieferte zu diesem Trauerspiel ein echtes Schelmenstück: Auch er wurde von Kroaten angehalten, aber er erzählte diesen freudig, daß er schon lange mit dem kaiserlichen Heer in die Welt hinaus wolle. Er werde nur noch sein Geld holen! Erst einige Kanonenschüsse sollen die wartenden Kroaten vertrieben haben.
Am 1. August 1632 kam es nach einem Überfall auf Freystadt zu einem Treffen zwischen kaiserlichen und schwedischen Truppen bei Fröschau im Schwarzachtal. Und am 23. April 1635 wurde das 1577 aufgelöste Birgitten-Kloster Gnadenberg ausgerechnet von schwedischen Soldaten niedergebrannt.
In dieser Schreckenszeit erreichen die Einschreibungen an der Universität Altdorf ihren Tiefstand; die Studenten und Professoren laufen in Scharen davon und suchen hinter Nürnbergs Mauern Schutz.

Aufstieg und Hundertjahrfeier

Nach dem Friedensschluß werden in Nürnberg große Friedensfeste erst 1650 gefeiert, und danach geht es mit dem Ausbau der Universität zügig voran: 1626 wird der Doktorsgarten angelegt, der mehr für medizinische als für botanische Zwecke gedacht ist. 1650 wird das anatomische Theater eingerichtet und 1682 das chemische Laboratorium erbaut. 1657 hatte sich Abdias Trew auf einem Turm der nördlichen Stadtmauer eine Sternwarte eingerichtet, und im Jahre 1711 wurde auf das Dach des Hauptgebäudes ein veritables Observatorium gesetzt.

Auch der Ruhm des Kollegiums nahm zu, immer häufiger wurden Altdorfer Professoren in nationale und internationale wissenschaftliche Sozietäten berufen.

Festschrift zur Hundertjahrfeier 1723

Ehrenpforte zum Jubiläum (ein Teil des Freskos – Fama, die Allegorie des Ruhms – ist erhalten)

Gedenkmedaille von 1723

Als hätte man schon geahnt, daß der Hochschule kein zweites Fest dieser Art beschieden sei, wurde die Hundertjahrfeier, natürlich am 29. Juni 1723, mit besonderem Pomp begangen. Das Torhaus wurde als Ehren- und Triumph-Pforte ausgemalt: Je drei korinthische Säulen wurden überwölbt von Allegorien der Weisheit (Sapientia) und des Fleißes (Diligentia) an der Außenmauer und innen von Allegorien der Frömmigkeit (Pietas) und der Bescheidenheit (Modestia). Und gekrönt war dieser Triumphbogen mit den Wappen Nürnbergs und des Reiches. Auch die Fenster und der Torbogen im Ostflügel wurden ähnlich geschmückt und illuminiert. Stiche dieser Malereien von Paulus Decker sind in dem Prachtband in Großfolio, der vom Rhetorikprofessor Christian Gottlieb Schwarz herausgegeben wurde, überliefert. Der Titel dieses Meisterwerks der Druckkunst lautet:

„Denkwürdige Jahrhundertfeier, welche durch die Gnade des unsterblichen Gottes und unter der glücklichsten und ruhmvollsten Herrschaft Karls VI., erhabenster und unbesiegter Römischer Kaiser, auf Veranlassung und Freigebigkeit des berühmten Nürnbergischen Rats am 29. Juni 1723 die Altdorfer Akademie in frömmster und feierlichster Form gefeiert hat."

Ein Werk von über 350 Seiten mit allen Programmen, Reden, Oden und Glückwunschadressen und einer erstaunlichen Vielzahl von Schrift- und Drucktypen; ein Werk, das der Jubelfeier würdig war!

Diesmal wurden gar fünf Medaillen geprägt, die schönste zeigt von vorne das Universitätsgebäude und auf der Rückseite den Text *„Erste Jahrhundertfeier der Altdorfischen Universität"*. In dieser Inschrift und den Umschriften ist dreimal die Jahreszahl 1723 als Chronostichon verborgen.

Niedergang und Auflösung

Im neuen Jahrhundert stiegen die jährlichen Neueinschreibungen nicht mehr über hundert. Schon 1729 kam eine Kommission der Kuratoren nach Altdorf zur Verbesserung der Universität, um sie *„wieder in den alten Flor zu bringen und besonders die Anzahl der Studierenden vermehrt zu sehen"*.

Man verlangte die Einführung der Semester, bei den Vorlesungen mehr Sorgfalt und Pünktlichkeit, bei den Studenten mehr Disziplin und weniger Schulden und für die Professoren höhere Gehälter.

Schon hier kommt die Verlegung nach Nürnberg zur Sprache. Will kommentiert dies 1795 *„es ist nicht nöthig, einen unglücklichen Gedanken weiter zu verfolgen, und man kann dem feindseligen Gerüchte von der Aufhebung der Universität um so sicherer widersprechen"*.

Nicht nur die finanzielle und personelle Ausstattung der Altdorfina war schuld am Niedergang; es lag vor allem am Konkurrenzdruck der neugegründeten und besser ausgestatteten Landesuniversitäten. Und als die studierenden Landeskinder per Dekret gar verpflichtet wurden, an der heimatlichen Hochschule zu studieren, war das Schicksal Altdorfs besiegelt.

Das Nürnberger Territorium allein war als Bildungsreservoir zu klein, und der wirtschaftliche und wissenschaftliche Isolationismus, dem man sich schließlich auch in Altdorf beugte, war der Idee der Universitas sehr schädlich.

Doch selbst in Altdorf schieden sich die Geister. So hat der Rats-Älteste und spätere bayerische Kommerzienrat Johann Friedrich Bauder am 8. Mai 1773 im Pflegschloß eine bittere *„Berechnung über Schaden und Nutzen, den zu jetziger Zeit Altdorf von der Universität hat"* vorgelegt. Die detaillierte Bilanz, deren Glaubwürdigkeit und Objektivität von Will sehr scharf kommentiert wird, läuft darauf hinaus, daß den Bürgern durch die Universität ein weit höherer Schaden als Nutzen entstehe.

Im März 1805 erscheinen im Neuen Teutschen Merkur anonym zwei Artikel *„Wird die Altdorfische Universität in Nürnberg glücklicher aufblühn?"* Der eine Nürnberger Patriot verneint, der andere bejaht die Frage. Das Kernproblem sehen beide zu Recht in der zu geringen Zahl von Studenten und der ungenügenden finanziellen Ausstattung seitens der verarmten Reichsstadt.

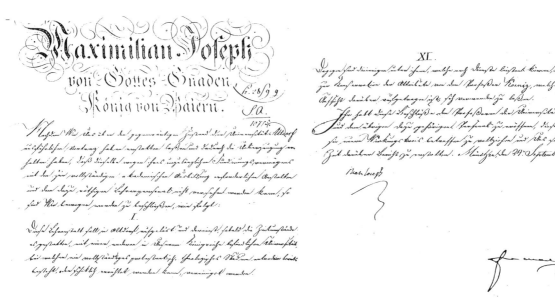

Schließung der Universität durch den baierischen König

Den Gnadenstoß versetzten der dahinsiechenden Altdorfina am 24. September 1809 der Großminister Maximilian v. Montgelas und Max I. Joseph, erster bayerischer König von Napoleons Gnaden.

„Maximilian Joseph von Gottes Gnaden König von Baiern.
Nachdem Wir Uns über den gegenwärtigen Zustand der Universität Altdorf ausführlichen Vortrag haben erstatten laßen und dadurch die Überzeugung erhalten haben, daß dieselbe wegen ihres unzulänglichen Fundierungsvermögens mit den zur vollständigen akademischen Ausbildung erforderlichen Anstalten und dem dazu nöthigen Lehrerpersonal nicht versehen werden kann, so sind Wir bewogen worden zu beschließen, wie folgt: Diese Lehranstalt soll in Altdorf aufgelöst und dereinst, sobald die Zeitumstände es gestatten, mit einer anderen in Unserem Königreiche befindlichen Universität bei welcher ein vollständiges protestantisch theologisches Studium entweder bereits besteht, oder schiklich errichtet werden kann, vereinigt werden".

Sic transit gloria mundi!

Noch ein lustiges Nachspiel zu diesem Trauerspiel: Am 27. Februar 1822 zogen die Erlanger Studenten, die sich mit den Handwerksburschen zerstritten hatten, unter großem Jubel in Altdorf ein. Und im Hausbuch der Familie Auer ist zu lesen: *„Die Studenten sind wieder da!"* Doch schon nach acht Tagen, am 4. März, kehrten sie in 87 Wagen, begleitet von 30 Reitern und zwölf Postillonen, nach Erlangen zurück!

Der Zug der Erlanger Studenten an Nürnberg vorbei nach Altdorf

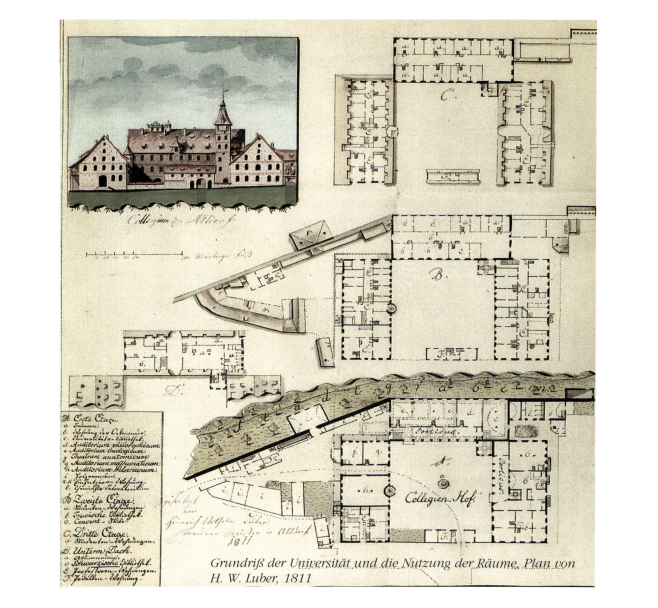

Grundriß der Universität und die Nutzung der Räume, Plan von H. W. Luber, 1811

II. ORGANISATION UND LEHRBETRIEB DER UNIVERSITÄT

Die Universitätsverfassung

Im Unterschied zu den Wechselfällen ihrer Geschichte war die innere Struktur der Altdorfer Akademie sehr stabil. Zu stabil, ja starr und verkrustet, wenn man die ganz anderen Anforderungen und Erwartungen im späten 18. Jahrhundert bedenkt! Auch das war mit ein Grund für den Niedergang.

An der Spitze der Verfassung stehen die Kuratoren oder Scholarchen. Sie sind dem Kultusminister vergleichbar und stellen andererseits den Kontakt zur Gesellschaft her, also eine Einrichtung, die auch heute noch einer Universität gut zu Gesicht stünde. Wird doch von Seiten der Universität der mangelnde Kontakt zur politischen und wirtschaftlichen Öffentlichkeit beklagt. Die vier Kuratoren oder Scholarchen waren Ratsmitglieder der Reichsstadt und stammten alle aus dem Patriziat. Sie bildeten die oberste Schulaufsichtsbehörde der Stadt, und sie standen der Kanzlei vor. Zumindest zwei Kuratoren waren bei den Prüfungen und Promotionen zugegen und natürlich auch bei der Jahrfeier, dem *dies academicus*.
Ihre Hauptaufgabe bestand in der Berufung, Einsetzung, Besoldung und Inspektion der Professoren. Der Prokanzler, einer der juristischen Berater der Stadt, geht nach Joh. Jac. Baier *„den Kuratoren zur Hand"*. Die Anmeldungen aller Examenskandidaten liefen über ihn, und er besaß die Würde eines kaiserlichen Hof- oder Pfalzgrafen.
Das Rektorat, das höchste Amt der Universität, wechselte jährlich. Der Rektor wurde am Tag der Apostel Peter und Paul vom gesamten Senat, d.h. allen ordentlichen Professoren, gewählt. Die Reihenfolge der Kandidaten wechselte im Tournus der Fakultäten, nicht aber die Wahl der Person. In der Sakristei der Kirche legte der alte Rektor sein Amt nieder, leitete die Wahl, verpflichtete den neu gewählten und stellte ihn dann den Studenten vor. Georg Andreas Will beschreibt seine Aufgaben wie folgt:

„Die Amtsgeschäfte eines Rektors sind zwar auf allen Universitäten meistens gleich und einerlei; doch will ich die hiesigen, die einige Verschiedenheiten haben möchten, genau

beschreiben. *Der Rektor wacht über die Rechte, Privilegien und Freiheiten der ganzen Universität und aller Fakultäten. Er sorgt für die Bewahrung und Aufrechterhaltung der Gesetze, Statuten und Disciplin. Er beruft den akademischen Senat zusammen, hat den Vortrag bei denselben, und die Entscheidung bei der Gleichheit der Stimmen. Bei deren Ungleichheit und Mehrheit aber hat er die Ausübung der Sentenzen, die in den Konventen des Senats und in den Missiven gefällt worden. Er hat die Verwaltung und Berechnung des akademischen Fiskus, der Depositen- und anderer Gelder, so wie die Verwahrung des akademischen Supellex, der Akten und Registratur. Er stellt im Namen der Curatoren die neuen Professoren, so wie auch andere Personen, im Senat vor. Er besorgt das jährlich zweimalige Lektionsverzeichniß, und*

ΠΡΩΤΟΚΩΛΟΝ

ACTORVM PRIVATI MET
IN SENATV ACADEMIÆ
ALTORPHINÆ

AVSPICE DEO
9. Octobris Anno cIɔ.Iɔ.xc.

SVB
RECTORE

Viro Reverendo et Clarissimo D. Edone Hildericho S S Theologiæ Doctore et Professore.

NOTARIO

M. Martino Geißlinger Dünckelspücknis.

Sitzungsprotokolle des Senats

Die Convents-Stube, Zeichnung von
J. G. Puschner

veranstaltet Anschläge und Einladungen mit Vorsetzung seines Namens allein, oder unter der Rubrik: Rector et Senatus. Er hat die Aufnahme und Immatriculirung der Studenten, Apotheker- und Buchdruckergesellen und anderer Personen."

Die Sitzungen des Senats in der Convents-Stube werden in den Universitäts-Annalen vom akademischen Notar protokolliert. Die Themen und die Fälle wiederholen sich: Finanzfragen, Berufungen von Professoren, diverse Veranstaltungen und vor allem Disziplinarfälle!

Die Fakultäten und ihre Lehrstühle

Schon in den frühen Zeiten der Akademie (1586) werden in den Vorlesungsverzeichnissen die verschiedenen Fakultäten genannt und übrigens auch schon die alte Weisheit, daß die rechte Erziehung der Jugend das Fundament des Staates sei *(rectam iuventutis institutionem esse fundamentum rei publicae).*

Die theologische Fakultät hatte drei Lehrstühle, wobei die Theologen auch Griechisch und Hebräisch lehrten und zugleich Pfarrer der Altdorfer Gemeinde waren. Alle Geistlichen des Nürnberger Herrschaftsgebiets mußten in Altdorf ordiniert werden. Die Kandidaten der Theologie machten ihre ersten Predigtversuche meist in der Kirche von Penzenhofen. Die theologische Fakultät war auch verantwortlich für den Inhalt der beiden Altdorfer Gesangbücher: die *„Lieder-Tafel"* (1699) und die *„Davids-Harpfe"* (1731).

Die juristische Fakultät konnte nach Baier *„mit vielen andern Universitäten certiren (wetteifern)",* und ihre Rechtsgutachten waren nicht nur in Nürnberg sehr begehrt. Denn im Unterschied zu den Landes-Universitäten wurde hier vor allem Reichsrecht gelehrt. Ihre Professoren waren oft zugleich Ratsconsulenten, d.h. Berater des Nürnberger Rats. Sie hatte immer vier Lehrstühle und öfters auch außerordentliche Professoren. Nach der Rangordnung unterschied man die Lehrstühle für die Codices, die Pandecten, die Institutionen (das sind verschiedene Text- und Gesetzessammlungen im Justinianischen Römischen Recht) und für das öffentliche und kanonische Recht.

Die medizinische Fakultät hatte drei Lehrstühle und insgesamt einen geringeren Wechsel von Professoren, weil die meisten sehr alt wurden und nur wenige Altdorf verließen. Manche Mediziner waren auch Dozenten in der philosophischen Fakultät. Die Lehrstühle waren aufgeteilt auf die Botanik und Chemie, auf die Chirurgie und Anatomie und auf die theoretische Medizin.

Jedem Fachstudium ging das Grundstudium in der philosophischen oder Artistenfakultät voraus. Im sogenannten Trivium wurden vor allem die formalen und methodischen Techniken wie Grammatik, Dialektik und Logik gelehrt. Im Quadrivium, und insgesamt spricht man von den sieben freien Künsten oder Wissenschaften, lernte man die Grundbegriffe der Mathematik, Astronomie, Musik und Rhetorik. Die philosophische Fakultät zählte in Altdorf meist sieben Lehrstühle u.a. für Philosophie und Ethik, für die klassischen und orientalischen Sprachen, für Poetik und Rhetorik, für Geschichte und Staatslehre und für Mathematik und Physik.

„Altdorf hatte das Glück und die Ehre, allzeit Professoren, und zwar aus allen Landen, zu bekommen, welche sich um das Reich der Gelahrtheit, um Erfindung, Erweiterung und Einführung neuer Wissenschaften, so wie der Künste und des Geschmacks, verdient machten....", so rühmt Will das hiesige Kollegium.

Alle ordentlichen Professoren bildeten den Senat, und sie genossen *„bey allen ihren Schriften eine unumschränkte Censurfreiheit"*.

Fünf der älteren weltlichen Professoren hatten im ersten Stock der Seitenflügel der Universität geräumige Wohnungen, alle Professoren waren mit Holz- und Getreidezuwendungen bedacht, und das steuerfreie Brau- und Schankrecht der Universität wurde weidlich genutzt. Im Winter 1660 läßt z.B. Prof. Ludwell 547 Eimer Bier sieden! Viele vermieteten an Studenten oder boten einen preiswerten Mittagstisch, der wegen der Tischgespräche sehr geschätzt war.

Die Besoldung der Professoren war anfangs überaus großzügig: Donellus und Gentilis bezogen ein Jahresgehalt von 600 und 500 Gulden, zur selben Zeit erhielten die Mathematiker Praetorius und Schwenter nur 100 und 200 Gulden! (Der Lehrer an einer Lateinschule hatte zum Vergleich ein Jahreseinkommen von 20 Gulden.) Doch dann stagnierten die Gehälter; der Historiker Bernhold soll sich 1766 wegen Nahrungssorgen das Leben genommen haben. Am Ende des 18. Jahrhunderts hatten so renommierte Dozenten wie Siebenkees und Will mit 476 und 525 Gulden zwar ähnliche Gehälter, aber wegen der Influation wesentlich niedrigere Einkommen.

Die Matrikel

Pulsfrequenz und Lebenskraft einer Universität sind unmittelbar an der Kurve der jährlichen Einschreibungen von Studenten erkennbar. A. Kreiner hat die Zahl der Immatrikulationen in Altdorf als Diagramm dargestellt. Die starken Schwankungen, die fast einer Fieberkurve gleichen, rühren sowohl von den Geschicken der Hochschule als auch von denen des Landes her. Die Höchstzahl von 222 neu eingeschriebenen Studenten wurde 1620/21 erreicht. 1633, mitten im 30jährigen Krieg sank die Zahl auf unter 20. Der Niedergang im 18. Jahrhundert zeigt sich auch darin, daß die jährlichen Neueinschreibungen durchwegs unter 100 liegen. Man kann davon ausgehen, daß etwa drei- bis viermal soviel Studenten in Altdorf waren als die neu eingeschriebenen. Das ergibt maximal eine Gesamtzahl von 500 bis 600 Studierenden pro Jahr - heute kaum noch vorstellbar!

Die Altdorfer Matrikel

Immatrikulation von Wallenstein . . .   *und von Leibniz*

E. v. Steinmeyer, er hat die Altdorfer Matrikel 1912 herausgegeben, und A. Kreiner errechnen eine Endsumme von ca. 19 600 Studenten, die sich von 1575 bis 1809 hier aufhielten. Grundlage dieser Zahlenspiele ist die Matrikel, das Hauptbuch einer akademischen Buchhaltung. Der erste und wichtigste Band der Altdorfer Matrikel ist *„in Holztafeln gebunden, die mit kunstvoll gepreßtem Leder überzogen und durch Metallbuckel, Metallschließen und Metalleinfassung der Seitenränder geschützt sind"*.

Der Foliant hat 386 Blätter von 39 x 27cm Größe und beginnt mit dem schlichten Satz: *„Codex, in quo Omnia membra huius Norimbergensium Alttorfianae Academiae notata sunt, et deinceps annotabuntur"* (Buch, in welchem alle Mitglieder dieser Nürnbergischen Akademie Altdorf aufgezeichnet sind und auch weiter aufgeschrieben werden). Dem Titel folgen ein deutscher Bericht über die Anfänge 1575 und schließlich Jahr für Jahr die Kolonnen von Studentennamen mit dem jeweiligen Geburts- oder Heimatort. Natürlich ist hier auch unter dem 29. August 1599 *„Albertus a Waldstein, böhmischer Baron"* eingetragen mit dem Nachtrag *„zum Herzog von Mecklenburg erhoben, dann eines gewaltsamen Todes gestorben in Eger am 15. Februar 1634"*.

Natürlich ist am 4. Oktober 1666 auch *„Magister Gottfried Wilhelm Leibnüz, Leipzig"* immatrikuliert.

Am Ende eines Studienjahres wird dann fein säuberlich Bilanz gezogen: *"Allhie endet sich die Zahl der Jebnigen studiosorum, so ... seindt eingeschrieben worden. Deren Summa á 30. Junij, Anni 1622, usque ad 28. Junij, Anni 1623: 128."*

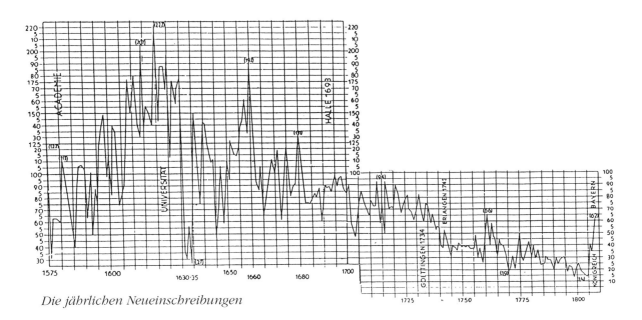

Die jährlichen Neueinschreibungen

Vorlesungen und Prüfungen

Die öffentlichen Vorlesungen waren vierstündig in der Woche und unentgeltlich. Sie sollten die Vorlesungen von Kollegen aus der gleichen Fakultät nicht überschneiden, und sie waren seit 1723 halbjährlich von Walpurgis bis Allerheiligen und umgekehrt. Die Ferien dauerten vom 29. Juni bis zum 11. August; an den großen Festtagen war natürlich frei. Zu Semesterbeginn erschien auch schon ein Vorlesungsverzeichnis. Private Vorlesungen kosteten eine kleine Gebühr, dagegen waren Collegia oder lectiones privatissimae für nur einen oder wenige Hörer teurer und monatlich zu bezahlen.

Öffentliche und private Vorlesungen von Prof. Siebenkees im SS 1793

Disputation im Theolog. Hörsaal, Stich von J.G. Puschner

„Man kan mit Warheit sagen, daß allhier fleissiger gelesen werde, als auf vielen andern Academien, da es grössere Salaria und Zulauff von Studenten giebt. An denen privat-Lectionen ist ebenmässig kein mangel, so daß ein jeglicher Studiosus zu seiner Unterweisung genugsame und erwünschte Gelegenheit hat." (J.J. Baier)

Eine akademische Praxis, die sehr angesehen war und häufig geübt wurde, war die Disputation. Sie hat gewisse Ähnlichkeiten mit einem Colloquium oder einer Podiumsdiskussion. Unter dem Vorsitz eines Praeses oder Diskussionsleiters, der über die Einhaltung der Regeln wacht (Redezeit, Verfehlung des Themas, Ausartung in Gezänk), verteidigt der Respondent mit seinen Argumenten eine These des Praeses, während mehrere Studenten oder Magister opponieren. Die so Disputierenden üben sich durch die

Argumentation und Gegenargumentation in der Kunst der Rede und der Wahrheitsfindung. Auch seitens der Universität wird den öffentlichen und privaten Disputationen ein hoher Stellenwert eingeräumt. Georg Andreas Will beschreibt sie in seiner Universitätsgeschichte ausführlich:

„Von den nützlichen Disputierübungen kann man wol behaubten, daß sie, wenn irgendwo, vorzüglich zu Altdorf, von ieher zu Hause gewesen seyen. Wir haben hier öffentliche und Privat-Disputationen. Bei den öffentlichen erscheint der Rektor und der Dekan der Fakultät im Habit, die sämtlichen Professoren aber sind ihnen beizuwohnen verpflichtet. Sie werden entweder zur Uebung unter dem Vorsitz eines Professors, der dafür von seinem Respondenten bezahlt wird und auch aus dem Fiscus etwas Bestimmtes erhält, oder von Privatlehrern, die sich habilitiren, oder auch üben wollen, oder endlich zur Erlangung der höchsten Würde, gehalten. Diese letztern, Inaugural-Disputationen nemlich, heisen solenne. Die Handlung geht in dem Welserischen oder theologischen Hörsaal vor, dauert drei Stunden, und die Subsellien (Bänke) werden mit Tapeten behänget. Montag, Dienstag, Donnerstag und Freitag sind die gewöhnlichen Tage zu den öffentlichen Disputationen. Die Streitschrift aber wird vorher den Professoren, Honoratioren, und allen Studenten an ihren Tischen ausgetheilet.

Mit den Privat-Disputationen hat es hier eine ganz eigne Bewandniß. Ob sie gleich von den öffentlichen unterschieden werden, gehen sie doch in einem Auditorium vor, und werden wie andere besuchet, nur sind die Professoren nicht besonders verpflichtet, dabei zu erscheinen. Sie heisen Disputationes circulares, weil sie ursprünglich in einem Cirkel von Respondenten und Opponenten wechselweise und in einer bestimmten Folge auf einander sind gehalten worden. Wenn dieses aber auch nicht ist, und nur Ein Studierender sich ohngefähr üben und keine Kosten aufwenden will, führen sie doch diesen Namen. Der Student kann sich jeden Professor, zu dem er Zutrauen hat, zum Präses wählen, und muß ihm dieser unentgeltlich den Vorsitz geben, weil die sämtlichen Professoren für diese Circulardisputationen einen Theil ihrer Besoldung haben."

Ein Kupferstich aus Puschners *„Amoenitates Altdorfinae"* (vor 1711) schildert auch eine solche Disputation: Im Hintergrund links der Praeses und die Disputierenden, rechts an der Seite die Professoren und vorne Studenten!

Der krönende, aber keineswegs der normale Abschluß eines Studiums war die Promotion. Nach einer Empfehlung des Dekans und der Zustimmung des Prokanzlers legte der Kandidat das erste Examen, dann die verschiedenen Prüfungen des Rigorosums ab und schließlich verteidigte er in der Inaugural-Disputation die Thesen der Doktorarbeit, die im Durchschnitt einen Umfang von 40 Seiten hatte und bis ins ausgehende 18. Jahrhundert lateinisch geschrieben war. Jede dieser Prüfungen dauerte drei Stunden.
Die Thesen der Dissertation stammen meist vom Doktorvater oder Praeses, weshalb dessen Name auf der Arbeit vorrangig und weitaus größer gedruckt erscheint als der des Verfassers.
Die Promotionsfeiern fanden alle am Stiftungsfest der Universität statt in Anwesenheit zweier Kuratoren, des Rektors, sämtlicher Professoren und Magister. Die Doktoranden schworen auf das Szepter der Universität einen feierlichen Eid, die Ehre und die Gesetze der jeweiligen Fakultät zu achten.
In den *„Amoenitates"* wird auch diese Zeremonie dargestellt: Das Gestühl der Professoren ist mit Wandteppichen geschmückt, unter dem Thron des Rektors stehen fünf Doktoranden, der erste schwört auf das Szepter der Universität den Eid, den ihm der Pedell vorliest. Die Honoratioren und ein großes Publikum, ausnahmsweise sind auch Damen zugelassen, schauen zu, Fackeln sind entzündet, und das Orchester stimmt schon die Instrumente. In den Altdorfischen Prospekten von 1718 hat Puschner die Zeremonie geringfügig variiert: Der Vorsitzende hält über einen der Kandidaten den Doktorhut!
Daran schloß sich ein Gastmahl im theologischen Hörsaal an, das der frischgebackene Doktor bezahlen mußte.

Die Promotionskosten waren ein ständiges Thema in der Kanzlei und im Senat: Will nennt 200 Gulden. Rechnungen aus dieser Zeit von 386 bzw. 456 Gulden kommen wahrscheinlich der Wirklichkeit näher. Die Magisterwürde bei den Philosophen und der kaiserliche Dichterlorbeer waren dagegen mit 50 und 20 Gulden wesentlich preiswerter.

*Promotionsfeier am 29. Juni im Auditorium maximum:
Fünf Doktoranden schwören den akademischen Eid*

Die Bibliotheken der Universität

Das Zentrum und das Gehirn einer Hochschule war und ist eine gute Bibliothek. J.J. Baier schreibt dazu:

„Damit es ja der hiesigen hohen Schule an keinem nothwendigen Stück fehlen möchte, hat sich, bald nach Stifftung derselben, die gewünschte Occasion eräuget, eine Bibliothecam publicam, als einen unentbehrlichen Schatz zu colligiren."

Im 17. Jahrhundert ist der Bücherschatz vor allem durch Geld- und Buchstiftungen stetig vermehrt worden:

1598 vermachte	Prof. Gg. Siegel der Akademie	186 Bände,
1621	Prof. M. Piccart	490 Bände,
1641	J. J. Schmidmaier	eine „morgenländische Druckerei" und 1000 Gulden,
1653	Prof. L. Jungermann	1000 Bände,
1660	J. Chr. Oelhafen von Schöllenbach	1400 Bände,
1696	Joh. Leonhard Stöberlein	1000 Bände und 500 Gulden
und 1708	Prof. J. Chr. Wagenseil	200 hebräische Bücher.

Im Jahr 1768 erhielt die Universität den größten Schatz, der bis heute in der Erlanger Universitätsbibliothek in seinem Gesamtbestand erhalten ist: Der Nürnberger Arzt und Gelehrte Christoph Jacob Trew vermachte Altdorf 24 000 Bände oder 34 000 Schriften und 6000 Gulden! Die Trew'sche Bibliothek umfaßt vor allem medizinische, botanische und naturwissenschaftliche Werke. Das letzte Legat von 1792 waren die 12 000 zum Teil sehr wertvollen Bände des Philosophieprofessors Gg. Christoph Schwarz.
Eine Bestandsaufnahme bei der Auflösung schätzt die Bibliothek auf rund 40 000 Bände! Doch genug der Zahlen - entscheidend ist die Nutzung eines solchen Instruments:

„In den öffentlichen Bibliotheken sowol, als den Privatbibliotheken der Professoren, wird den Studierenden der Zutritt unter den billigsten Bedingnissen verstattet", so die Theorie nach Will. Ein Erlaß, ein Decretum des akademischen Senats spricht eher von den bitteren Erfahrungen der Praxis:

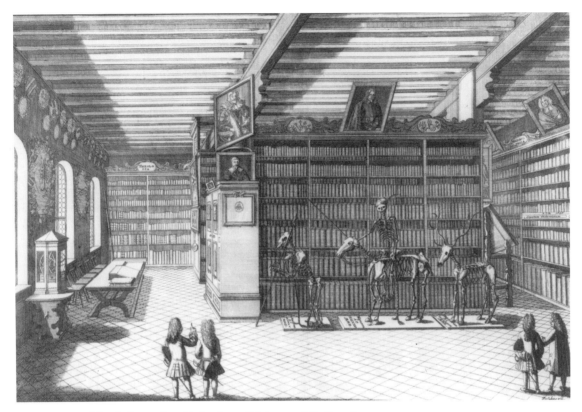

Die große Bibliothek an der Altdorfina, Stich von J.G. Puschner

„*Daß man mit Bücher leihen den Herren Studiosis ex Bibliotheca Academica an sich halten soll (zurückhaltend sein soll)... Daß man keinem mehr auff einmal, dann Einen oder zween Authores leihen, und den Zettel, so wol der, so sie entlehnet, alß sein Kostherr unterschreiben soll... Wer was an entlehnten Büchern verderbt, soll deswegen Erstattung leisten...*".

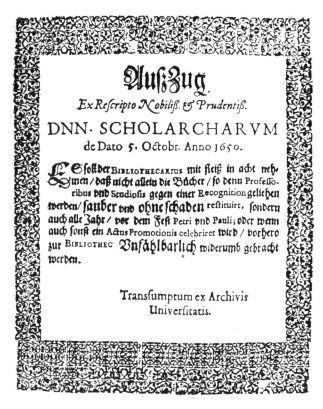

Ausleihordnung von 1650

Siegel und Zeitschrift der „Deutschen Gesellschaft"

Von 1650 ist ein Auszug aus einem Erlaß der Herren Scholarchen erhalten, der die Hauptsorge aller Bibliothekare zu allen Zeiten ausdrückt, daß nämlich die Bücher unversehrt zurückkommen und daß sie überhaupt zurückkommen!

Wissenschaftliche Sozietäten

Das Arbeiten und Forschen im Team ist keineswegs eine Erfindung unserer Zeit. Vor allem im Rationalismus und in der Aufklärung blühten die Gelehrtengesellschaften und die Akademien der Wissenschaften auf: z.B. die Académie française, die Royal Society und die Berliner Akademie, die ja von Leibniz gegründet wurde. Auch in Altdorf huldigte man diesem Trend: Es gab eine medizinische Gesellschaft, eine philologische Gesellschaft (1740) unter dem Vorsitz des Theologen Tresenreuther, eine lateinische Gesellschaft (1762) und eine sehr fruchtbare *„Deutsche Gesellschaft"*, 1756 von Georg Andreas Will gegründet. Sie veröffentlichte Arbeiten und Aufsätze unter dem schönen Titel *„Altdorfische Bibliothek der gesammten schönen Wissenschaften"*. Eine sehr renommierte Gesellschaft, die Akademie der Naturforscher *„Leopoldina"* von 1687, zählte viele Altdorfer Professoren zu ihren Mitgliedern. Im Organ der „Leopoldina", der Zeitschrift *„Ephemerides"*, erschien unter anderem auch Johann Heinrich Schulzes Aufsatz über die Lichtempfindlichkeit der Silbernitrate.

ACTA
PHYSICO-MEDICA
ACADEMIÆ CÆSAREÆ
LEOPOLDINO-CAROLINÆ
NATURÆ CURIOSORUM
exhibentia
EPHEMERIDES
sive
OBSERVATIONES HISTORIAS
ET EXPERIMENTA
CELEBERRIMIS GERMANIÆ
ET EXTERARUM REGIONUM
VIRIS
habita & communicata,
singulari studio
collecta.
VOLUMEN PRIMUM
cum APPENDICE
&
PRIVILEGIO SACRAE CÆSAREAE MAJESTATIS.
NORIMBERGÆ,
Prostat in Officina W. M. ENDTERIANA, & apud
JULIUM ARNOLDUM ENGELBRECHT.
Typis JOHANNIS ERNESTI ADELBULNERI An. MDCCXXVII.

Zeitschrift der „Leopoldina"

Fortuna vor einer Ansicht von Altdorf, Stammbuchblatt von 1742

III. STUDENTENLEBEN

Das Leben der Studenten war zu keiner Zeit so romantisch und herrlich, wie es in den Liedern der Burschenschaften verklärt wurde. Die schönen Seiten dieser Lebensweise hängen wohl eher mit der Jugendzeit als mit dem Studium an der Alma mater zusammen, und die Erstsemester waren damals mit durchschnittlich 16 Jahren noch ausgesprochen jung.

Studentenbude, Stammbuchblatt von 1742

Gesetze für die Studierenden

Sehr nahe führen uns die Gesetze und Mandate der Universität an die Wirklichkeit und an das eigentliche Leben der Studenten heran. Die ersten lateinischen *„Leges Universitatis"* Gesetze der Nürnbergischen Universität zu Altdorf, worauf die neu angekommenen Studenten durch Eid verpflichtet werden) sind noch undatiert. Sie wurden vom Universitätsdrucker gedruckt. Sie werden immer wieder neu aufgelegt und unterscheiden sich allenfalls in der Gestaltung des Titelblatts und der Zahl der Paragraphen, die zwischen 32 und 45 variiert. Sie beginnen immer mit den sogenannten obersten Bildungszielen:

Studentengesetze vom Anfang und Ende der Universität

„Man versieht sich zwar zu einem Jeden, welcher das akademische Bürgerrecht auf der hiesigen Universität genießen will, daß er sich bestreben werde, die allgemeinen Pflichten jedes guten Staatsbürgers aufs getreueste zu erfüllen, durch Reinheit der Sitten und durch ein bescheidenes und anständiges Betragen seinem Stande Ehre zu machen, und den wesentlichen Zweck seines akademischen Aufenthalts, die Bildung zum künftigen Diener der Kirche oder des Staats, und zum nützlichen Mitgliede der bürgerlichen Gesellschaft, nie aus den Augen zu setzen."

Und sie enden immer mit einer Eidesformel, die der Student beschwören muß:

„I. ICH, N.N., schwöre feierlich, seiner Magnifizenz, dem Herrn Rektor dieser Universität, wie auch den Professoren und den akademischen Gesetzen den schuldigen Gehorsam und Respekt zu erweisen.
II. Daß ich mit allen Mitgliedern der Universität und den Bürgern der Stadt Frieden halten werde; vom Pennalismus bei Strafe der Relegation abstehen und was zu seiner Abschaffung vom erlauchten Rat der Stadt Nürnberg und seiner Magnifizenz dem Rektor und dem Senat der Universität ernstlich beschlossen wurde, mit allem Eifer beobachten, zugefügte Beleidigung und Unrecht weder durch mich noch durch andere rächen, sondern mein Recht bei dem Magistrat der Universität suchen werde.
III. Daß ich die öffentlichen Vorlesungen hören werde.
IV. Daß ich, wenn ich durch den Pedell zum Rektor und den akademischen Senat gerufen werde, zu angegebener Zeit und Ort erscheinen werde, daß ich nach bestem Wissen und Gewissen ohne parteiliche Voreingenommenheit die Wahrheit sagen werde, und wenn ich in irgendeiner Sache überführt bin, werde ich, auch wenn es mir ungerecht erscheint, die ausgesprochene Strafe auf mich nehmen.
V. Für das Wohl dieser Universität werde ich nach Kräften sorgen und mich besonders dankbar deren Gründern gegenüber erweisen, dem erlauchten Senat von Nürnberg, bei jeder sich bietenden Gelegenheit.
VI. Schließlich werde ich nicht ohne Wissen des Rektors und ohne Zustimmung meiner Gläubiger, denen ich verpflichtet bin, die Universität verlassen. Und noch weniger werde ich vor einem verhängten Arrest fliehen oder diesen nicht antreten.
So wahr mir GOTT helfe!"

Nicht nur die äußere Form bleibt durch die Jahrhunderte nahezu konstant, sondern auch die Gesetze selbst und die angesprochenen Probleme ändern sich kaum:
Von der *„schuldigen Ehrerbietung durch Worte und Handlungen"* gegenüber den Professoren ist die Rede, und die *„Unverletzlichkeit"* des Pedells wird hervorgehoben. Alle *„Arten von Störung der öffentlichen Ruhe"*, von Beleidigungen, *„groben Realinjurien"* und Verletzungen werden mit Karzer, Geldstrafen oder dem schimpflichen Ausschluß, der Relegation, belegt.
Zum Beispiel kann auch *„Kein Studirender ... gültiger Weise einer Weibsperson die Ehe versprechen, oder sich mit ihr trauen lassen, er mag bereits volljährig seyn oder nicht."*

Im tiefen Keller, Stammbuchblatt von 1743

Und schon allein der *„unzüchtige Umgang mit einer Weibsperson... wird mit einer Geldstrafe von 25 Gulden gebüßt"!*

Eine sehr anschauliche und vergnügliche Quelle zum Thema Studentenleben sind die Stammbücher der Studiosi mit zahlreichen Bildern. Das Stammbuch sollte man nicht mit einem Poesiealbum vergleichen, und es war auch nicht nur ein Zeichen der Freundschaft, sondern es war eine Art Studienbuch, in das sich natürlich auch jeder Professor eintrug, und es war die Grundlage künftiger gesellschaftlicher Beziehungen. Der fleißige und lernende Student wird recht selten dargestellt, dagegen aber der unordentliche, raufende und saufende in den buntesten Farben und auf phantasievollste Weise! In diesen Illustrationen zum Studentenleben taucht immer wieder das Motiv auf, daß der heimlich abgereiste Student nicht nur Schulden, sondern auch ein armes Mädchen mit Kind zurückgelassen hat!

Bettelstudent: „Niemals Bargeld, immer zerrissene Hosen", Stammbuchblatt von 1625

Vor allem aber kreisen die Gesetze und auch die Mandate des Senats um drei Probleme des unordentlichen und liederlichen Studenten: Das Randalieren, das Duellieren und das Schuldenmachen!

„Alles Lärmen, Schreyen, Wetzen (mit dem Degen) und aller andere Unfug...alles Schießen und Platzen bey Tage und bey Nachtzeit ...Hazard (Glücksspiele)...alle Trinkgelage, sowohl auf Studenten-Stuben, als in Wirthshäusern ...lärmende Musik zu halten...sind verboten."

Der heimlich abgereiste Student hinterläßt Schulden und ein Kind,
Stich von Dendrono / Puschner von 1725

Noch in den Studentengesetzen von 1798 werden dem Verbot des Duells fünf ausführliche Paragraphen gewidmet; sie gipfeln in dem Passus:

„Sollte sich der traurige Fall ereignen, daß einer in einem Duell …entleibet würde; so soll der Thäter… ohne Ansehen der Person als ein Todschläger behandelt werden."

Die Schwere und der Ernst dieses Problems zeigen sich auch an der Vielzahl von Erlassen und Mandaten des Senats und des Nürnberger Rats, die sich damit befassen und an

Duellszene, Stammbuchblatt von N.M. Kleemann von 1730

die Verbote in den Gesetzen erinnern. Sehr oft hat man auch vorbeugende Maßnahmen getroffen, um einen Zweikampf zu verhindern. Mögliche Erklärungen dafür wären: Zum einen waren die Studenten jünger, zum andern war die Empfindlichkeit in puncto Ehre damals sicher wesentlich höher. Vor allem aber entzogen sich die akademischen Heißsporne der Strafverfolgung dadurch, daß das Duell außerhalb des Nürnberger Territoriums, z. B. jenseits der Schwarzach oder in der Oberpfalz, stattfand.

Duellierende Studenten, Stich von Dendrono / Puschner 1725

Ebenso häufig wird das Schuldenmachen beklagt und angeprangert: *„Jeder Studirende wird sich vor leichtsinnigem und muthwilligem Schuldenmachen hüten..."*. Das Schuldenmandat von 1750 ist bis Oktober 1793 sage und schreibe 21 mal renoviert, d.h. erneuert worden. Man wußte sich schließlich nicht mehr anders zu helfen, als daß man verschiedene Arten von Schulden deklarierte: Erstens die *„privilegirten Schulden, welche zur Absicht des Studierens und zur Nothwendigkeit...des Lebens gemacht werden"*, zweitens die *„unprivilegirten Schulden, die jedoch auf eine gewisse ...Summe zugelassen werden"* für Kleidung, Genußmittel etc. und drittens die *„ganz unprivilegirten Schulden"*, wie z. B. Spielschulden, die *„schlechterdings verbotten...sind."*

Die Affaire Wallenstein

Bedrückend lebendig und aufregend wird Geschichte am individuellen Beispiel. Das längst Vergangene und Verstaubte wird dann auch in einem unbedeutenden Ausschnitt ungemein interessant und gegenwärtig. Am 29. August 1599 wird der noch nicht 16jährige Albrecht von Waldstein in die Altdorfer Matrikel eingetragen. Schon am 7. Dezember wird sein Name in den Annalen, den Senatsprotokollen, genannt:

„Den 7. decembris klagte H.D. Schopper propter nocturnam actionem ante aedes suas (wegen nächtlichen Tumults vor seinem Hause). Die thätter dieser action sind geweßen nach vielgehabter mühe: Freiher von Waldstein, Sebisch, Jaroslaus Socolinski, Johannes de Lopes et famulus, qui aufugit (welcher entfloh)."

Der Nürnberger Rat reagierte prompt: Der Pfleger wird einen Tag später von den Beschlüssen unterrichtet; die „actionäre" werden gefaßt und arretiert - doch offenbar nicht sehr lang! Denn schon vierzehn Tage später, in der Nacht vorm Heiligen Abend treiben die Unruhen einem erschreckenden Höhepunkt zu: Der Fähnrich der Altdorfer Bürgerwehr, Wolff Fuchs, wird im Streit von Hanns Hartmann von Steinau erstochen. In einem Schreiben des Rats an den Rektor der Hohen Schule vom 27. Dezember wird die Bluttat rekapituliert und moniert:

Brief Wallensteins an den Rat der Stadt Nürnberg

„Wir haben nicht ohne sondere beschwerung vernommen, was sich abermal für ein böser muetwilliger handel und hochstrefliche Mordthat, darinn ein Burgersson zu Altdorff, Wolff Fuchs genanndt, von einem Studioso, Johann Hartmann von Steinau, Jämerlich und ohn alle redliche ursach erstochen worden, bey euch zugetragen...
Und dieweil wir bericht werden, daß sonderlich zwen Studiosi draussen sein sollen, alß ein Freyherr von Walstain und ein Schlesier, der Sebisch genanndt, die sich bißher alles muetwillens beflissen und fast mancherley unruhe gestifft und angericht haben sollen,

wie sie Inen dann die sach bey der verloffenen Mordthat auch wol befolen sein lassen, so ist an euch unserer ferrnerer befelch,...das solches ihren elltern durch euch zugeschriben und dieselben von der Schuel abzufordern begert werden soll."

Der Pfleger unternahm alle Anstrengungen, des Täters habhaft zu werden, und eine Ratskommission aus der Reichsstadt trieb die Untersuchung an Ort und Stelle mit Hilfe einiger Provisoner voran. Das Ratsdekret vom 11. Januar beschließt ein energisches Durchgreifen: Sebisch wird auf dem Luginsland, Wacker im Männerschuldturm auf der Insel Schütt, Sokolintzki und Lopes im Hundeloch(!) der Universität gefangen gehalten. Baron Wallenstein erhält nur Stubenarrest.
Im Brief des Rats vom 12. 1. an Rektor Taurellus und den Pfleger Roggenbach wird Wallensteins Mitschuld präzisiert, daß er *„in der kurtzen Zeit her, so er zu Altorff gewesen und studirn sollen, sich in mancherley weiß allerley unruhe und muetwillens unterstanden, Insonderheit auch bey angeregten ableib das seinige gethan, da er billig den Thetter von seinem bösen vorhaben mehr abhallten helffen sollen."*

Der anfangs so gestrenge Ton wird im Laufe der Untersuchung seitens des Rates immer nachsichtiger und milder. Vor allem als der junge böhmische Freiherr in einer sehr geschickten Bittschrift auf seine einflußreiche Familie hinweist und sich plötzlich um deren Ansehen sorgt.

„Den Edeln, Erenfesten, Erbahren und hochweisen Herren Burgermeistern und Rathmannen der Loblichen Reichsstadt Nurmberg, meinen gunstigen Herren und Freinden. Mein freindlichen gruß! Edele, Erenfeste, Erbahre und Hochweise, günstige Herren und freinde! Das die Herren auf mein bit den mir auferlegten arrest etwas relaxiret, daraus vermerke ich der Herren geneigter gemütter gegen mir, Und thue mich dessen gegen die Herren freindlich und fleissig bedancken. Dieweilen aber in der Herren Bevelich, an hiesige Ihre löbliche Universitet gethan, lauttet mier, beneben dem arrest aufzuerlegen, Mich nach gethaner richtigen bezahlung von hinen zu begeben, welche wordt gleichsam ein tacitam relegationem (stillschweigende Verweisung) in sich begreiffen: Und aber diesselbige nit allein meiner Person, sondern auch den Wolgeborenen Herren, Herr Caroln und Herr Adams, beider Herren von Waltstein, Rom. Kays. M.(ajestät, meines allergnedigsten Khunigs und Herrn) gehaimbder Räthe, sowol meinem ganczen Löblichen

Geschlechte zu einem großen despect und nachtheil gelangen mochte. Als(o) ist hiermit an die Herren mein freindtlich und fleißige Bitte, Sie geruhen an deme mir auferlegten langwirigen arrest ein genugen zu haben, gedachte relegationem genczlich zu remittiern und nachzulaßen und mir in meinen freyen Willen zu stellen, zu welcher Zeit ich mich von hier begeben möge, so wol auch aus dem arrest nu mehr zu erledigen. Hergegen bin ich, mein(e) creditores richtig abzuzahlen, den herren nit lang verdrißlich zu sein und mich hinfuro allenthalben, als einen Herren gebühret, zu verhalten, So wol umb die Herren solches nach Vermögen freindtlichen zu verschulden erbottig.
Gegeben in Altorff, den 20. January Anno 1600. Ewer williger Albrecht von Waldstein, freiher."

Fast beflissen wird dem Junker mitgeteilt, daß niemand an eine Relegation gedacht habe, daß es „Unser gemüet und mainung gar nit gewesen, ... auch weder tacite (stillschweigend) noch expresse (ausdrücklich) denselben verstandt haben sollt ...."
Umso erstaunlicher ist diese Milde, wenn man bedenkt, daß der „dolle Wallenstein", wie ihn ein Neffe nannte, nach dem Tod des Wolff Fuchs keineswegs zur Besinnung kam. Er muß gleichsam unter einem Aggressions-Schub gestanden haben. Die Universitätsannalen berichten lapidar von einem Streit mit dem Kommilitonen Gotthard Livo und davon, daß er seinen neuen Famulus Johann Rehberger grausam mißhandelt hat:

„Den 9. Jannuarii 1600 Erschienen Baro a Waldstein und Gotthardus Livo, welcher von dem Barone im fuß gestochen worden. Darauf sie vereinigt worden, und hatt Baro dem vulnerato (Verwundeten) die Schäden ausrichten müssen.
Den 14. dieß wurde Baro a Waldstein, qui famulum suum Johannem Rehberger loris mirum in modum tractasset, quia otiosus per fenestram in forum prospectaverat (welcher seinen Diener J.R.. ganz erstaunlich mit Peitschenhieben traktierte, weil dieser müßig durchs Fenster auf den Markt hinausgesehen hatte), verklaget, weil er ihn so unmenschlich gezaichnet; der Knab nach Nürnberg ad D.D. Scholarchas geschicket. Hierauf den 19. dieß ist der Herren Scholarcharum befehl erfolget, daß Baro deßwegen der Academie 30 gulden straff geben und sich mit deß Knaben freundschafft vergleichen soll. Baro beschweret sich dessen, vorwendend, der Knab were unfleißig gewesen, erbiet sich, das arztlohn außzurichten und den Knaben zu einem ehrlichen Handwerck zu verlegen und die zuerkannte straff zu erlegen."

Unter dem 17. März des Jahres 1600 wird der junge Baron das letzte Mal in den Annalen genannt. Er unternahm dann mit dem fränkischen Astronomen und Mathematiker Paul Virdung, der mit Keppler befreundet war, eine Kavalierstour nach Frankreich und Italien, studierte kurze Zeit in Padua und vermutlich in Bologna und wird schließlich Edelknabe des Markgrafen Karl Burgau, des Sohnes des Erzherzogs Ferdinand in Innsbruck. Damit beginnt Wallensteins militärische Karriere.

Erhalten hat sich auch ein eigenhändiger Eintrag des Studenten Wallenstein in das Stammbuch des früh verstorbenen Nürnberger Patriziersohnes Johann Hieronymus Kress von Kressenstein:

Fide sed cui vide (Vertraue, aber achte darauf wem!).

Mag sein, daß es sich nur um ein gängiges Motto für das Poesiealbum handelt; vielleicht ist es aber auch die ernüchternde Bilanz eines wilden Semesters und ein ahnungsvoller Blick in die Zukunft.

Die Burleske Lang

Diesem Trauerspiel einer gescheiterten Studentenlaufbahn soll eine Burleske vom Ende der Altdorfer Universität gegenübergestellt werden. Ende April 1782 immatrikulierte sich der Rieser Pfarrerssohn Karl Lang in Altdorf, nicht um hier zu studieren, sondern ebenfalls um zu randalieren, wenn man seinen überaus geistreichen und witzigen *„Memoiren"* glauben darf:

„Unter mancherlei Treiben fiel uns endlich auch ein, Komödie zu spielen; Theater und Dekorationen waren bereits hergerichtet, die Rollen einstudiert, als an demselben Abend, wo das Stück gegeben werden sollte, der Herr Rector Magnificus, ein himmellanger, hagerer, griesgrämiger Mann, durch den schleichend und gebückt dahergehenden Pedell uns das ganze Unternehmen verbieten ließ.... Ein jeder schwur die schrecklichste Rache, so daß ein Dritter hätte glauben müssen, die ganze Stadt werde noch diese Nacht in

einen Steinhaufen verwandelt. Als wir aber heimkehrten, lief alles mit leerem Gebrüll auseinander. Nur ich war in der Stille zurückgeblieben, hatte mir auf den Feldern meine Taschen mit Steinen gefüllt und fing damit um Mitternacht vor der Schlafstätte seiner Magnifizenz ein solches fürchterliches Bombardement an, daß von den hohen Fenstern alle Scheiben klingend herniederstürzten und einige Steine sogar bis an die Bettstelle des armen Doktors gelangt sein sollen... Ja, es kam am Ende soweit, daß, sowie nur irgendeine kleine Unruhe in einem Winkel der Stadt entstand, zuvörderst immer ich, oft bei meinen Büchern sitzend, auf kürzere oder längere Zeit in Sicherheit gebracht wurde. Bei einer dieser Verhaftungen, die sich etwas in die Länge ziehen wollte, ließ ich dem Rektor sagen, daß, wenn ich nicht diesen Abend noch entlassen würde, er mich desperaterweise an dem Fenster des Turmes hängend erblicken und dann auf seine Doktorsseele nehmen sollte. Wirklich nahm ich den andern Tag meine theatralische Kunst zusammen, machte mich mit Polstern und Kissen, denen ich meine eigenen Kleider anzog, ziemlich natürlich nach und ließ die Figur zum Fenster heraushängen. Alsbald entstand auf der Straße Auflauf und Geschrei, man rennt die Turmtreppen hinauf, reißt knarrend die Türe auf und bricht, als man mich verdoppelt sieht, in Lachen und Frohlocken aus. Selbst das löbliche Konzilium konnte die ernsthafte Miene nicht behaupten; ich zog mit dem ganzen Trupp frei und ledig herab, und alle Fehde hatte von nun an ein Ende."

Der tugend- und lasterhafte Studente, Stich von 1764

Übrigens mauserte sich dieser Streithahn zum hoch angesehenen preußischen und dann bayerischen Ministerialbeamten Karl Heinrich Ritter von Lang.

Die Lebenskosten eines Studenten

Zurück in die Niederungen des grauen Studentenalltags, wo der schnöde Mammon regiert. 1729 und 1731 sind zwei Broschüren erschienen, die zugleich Adreßbuch, Vorlesungsverzeichnis und Werbeprospekt sind, und zwar sowohl für die Angehörigen der Universität als auch für die Bürger: *„Das ... jetzt-lebende Altdorff"*. Hier haben wir den glücklichen Umstand, daß zu den allgemeinen Lebensbedingungen des Altdorfer Studenten auch Zahlen genannt werden. Die Umrechnung der Gulden, Thaler, Kreutzer und Groschen in unsere Valuta erübrigt sich, wenn man die heutigen Preise zum Vergleich heranzieht.

„Damit aber auch Fremde wissen mögen, wie hoch sich ohngefehr die jährlichen Kosten eines Studirenden allhier belaufen mögen, als dienet folgendes zur Nachricht:
1) Die Depositions-Kosten samt der Inscription, belaufen sich zusammen auf 5 Gulden 40 Kreutzer.
2) Eine Stube samt Bett und Aufwartung kan man haben jährlich um 10/12/15 bis 20 Thaler, nachdem dieselben besser oder schlechter conditionirt (ausgestattet) seyn sollen; und wann ihrer 2 auf einer Stube wohnen, so wird jedesmal menagirt (verpflegt).
3) Das Brennholtz wird bezahlt das Meeß oder Claffter um 18 bis 20 gute Groschen; Kurtzes aber um 11/12 bis 13 gute Groschen.
4) Für einen ordinairen Tisch, des Tages einmahl zu speisen, zahlet man nebst dem Bier wochentlich 12/14 bis 16 gute Groschen. Bey denen Herren Professoribus des Tages 2

mal wohl zu speisen, wird insgemein 2 Gulden oder 1 Thaler 8 gute Groschen, auch weniger bezahlet. Man kan auch im Nothfall in den Gasthöfen um wenige Kreutzer sich zu essen geben, oder solches heim auf die Stube holen lassen.

5) In dem Convictorio (Mensa) werden nebst denen 12 Herren Alumnis (Stipendiaten), welche gantz frey die Kost geniessen noch bey 20 Herren Studiosi täglich zweymal wol gespeiset, die wöchentlich etwas Weniges dafür bezahlen, zu welchem beneficio (Wohltat) nun auch Fremde, die ein gutes Zeugniß haben, gelangen können.

6) Das Bier, welches hier sehr wohlgeschmack und gesund gebräuet wird, gilt die Maas 6 leichte Pfennige, und kan man braun und weisses haben.

7) Der Wein ist etwas theurer, weil er von andern Orten mit Unkosten muß hieher gebracht werden, und gilt die Maas 5/6/8 und mehr gute Groschen, den man aber ausser dem Nothfall, bey so gutem Bier, gar wohl entrathen kan.

8) Die Collegia Publica (öffentl. Vorlesungen) kan ein jeder umsonst hören, und lieset ein jeder Herr Professor wöchentlich 4 Stunden publice; auch kann man jetzo in Collegiis publicis zur Erlernung der Griechischen und Hebräischen Sprache gelangen.

9) Privatim wird für ein Collegium, nachdem der Numerus starck oder schwach ist, und nach dem Unterschied und Beschaffenheit der Collegiorum selbsten, 2/3/4 höchstens 6 Thaler bezahlt.

10) Wer gerne privatissime sich will lesen lassen, der findet bey denen Herren Professoribus in allen Facultaeten, hiezu Gelegenheit, und zwar um sehr leidliche Kosten.

11) Und was das Fürnehmste, welches auf andern und zahlreichen Universitäten nicht anzutreffen ist, so haben die Herren Studiosi, so oft es ihnen beliebet, die Erlaubniß, bey denen Herrren Professoribus einen freyen Zutritt zu nehmen, und selbige bey entstandenen Dubiis (Zweifeln) zu konsulieren.

12) Nicht weniger wird ihnen auch im Nothfall mit Büchern sowohl von denen Herren Professoribus als auch aus der Universitäts-Bibliothec ausgeholfen, welche man jedoch sorgfältig beobachten und ohne Schaden remittiren muß.

13) Die Frantzösische, Italiänische und Spanische Sprache zu erlernen, kostet privatissime das Monath 1 Thaler, auch drunter, zumal wann etliche eine Stunde miteinander halten. Solchergestalt wird es auch mit andern Exercitiis (Übungen) als Reiten, Fechten, Tantzen u.d.g. gehalten.

14) Wer Lust hat mit Disputirn sich hören zu lassen, der kan allhier nicht nur mit gar leidlichen Kosten dazu gelangen, sondern auch so gar die Disputationes Circulares, wann solche nicht gedruckt, und nur geschrieben gehalten werden, durch Oberherrliche Vorsehung und Remuneration (Bezahlung) gantz umsonst haben.

15) Die Studiosi Theologiae haben auch hier besondere Gelegenheit im Predigen und Catechisiren sich zu üben, indeme ihnen zu Benzenhofen, eine halbe Stund von hier, ein besonders Kirchlein hiezu gewiedmet ist; auch sonsten, auf etlichen nahgelegnen herein gepfarrten Dörfern, die Kinderlehren unter der Inspection des vördersten Herrn Professoris Theologiae, als Pastoris Loci, von ihnen gehalten werden.

16) Deßgleichen haben auch die Herren Studiosi Medicinae erwünschte Gelegenheit, sich allhier in Botanicis, Chymicis und Anatomicis zu üben, indem, was das Leztere anbelanget, öfters Cadavera aus Nürnberg hieher gebracht werden; wegen des Erstern aber die Herren Studiosi sich mit besondern Nutzen des vortrefflichen Horti Medici, und des kostbaren Laboratorii Chymici bedienen können, als welche nicht leicht von andern auf teutschen Universitaeten dergleichen angeordneten Stükken übertroffen werden.

Übrigens darf man auch die angenehme Gegend und lusti-

Die Mensa oder das Konvikt, Stich von J.G. Puschner von 1711

gen Spatzier-Gänge um hiesige Stadt, durch nah anstossende Auen, Felder und annehmliche Wälder, als etwas besonders anmercken, deren sich Studirende zur Gemüths-Ergötzung mit Vergnügen bedienen können."*

Mir ist kein anderes Dokument aus dieser Zeit bekannt, wo derart detailliert und ausführlich über die Lebensumstände der jungen Akademiker berichtet wird. So nüchtern sich diese Liste mit ihren Zahlen nach außen gibt, so illustrativ, so pulsierend und voller Leben ist der Inhalt dieses schmale Oktavbändchen.

50 Jahre später gibt Prof. König ein *„Akademisches Lehrbuch für studirende Jünglinge"* heraus, wo noch detaillierter *„Oekonomie-Nachrichten von der Universität Altdorf"* aufgelistet werden, wie zum Beispiel die Kosten für Wäschereinigung, Schuhe, Kaffee, Tee oder Tabak, für den Friseur oder für die Miete eines Reitpferdes. Allerdings sind die Preise schon merklich gestiegen. Zusammenfassend zieht König folgende Bilanz:

„Wenn man nun hiernach die unumgänglich-nothwendigen, minder-nothwendigen u. akademischen Ausgaben berechnet: so wird sich dieses Resultat ergeben. In einem Jahre kann der Student zu Altdorf (wenn er sich kein ganz neues Kleid von seinem Wechsel anschaffen darf)
nothdürftig mit 300 fl.(Gulden);
honett (anständig) mit 400 fl.;
und reichlich mit 500 fl. auskommen!"

Das Studium war also ein teures Vergnügen, und Arme konnten nur mit einem Stipendium studieren!

Standesgemäße Erziehung zum Kavalier

Zur fachlichen wissenschaftlichen Ausbildung kam selbstverständlich die gesellschaftliche, standesgemäße Erziehung zum Kavalier: Dazu gehörte der Privatunterricht in den neueren Sprachen, vor allem im Französischen, Italienischen und Englischen. Und schon bald nach der Universitätserhebung wurden in Altdorf „Sprachmeister" aus den jeweiligen Ländern engagiert.

Einem akademischen Bürger ziemte es, daß er nicht nur parlieren, reiten und tanzen, sondern auch fechten konnte. Der Student hatte bis 1760 das Recht, den Degen auch im Hörsaal zu

Reitunterricht, Stich von Dendrono / Puschner von 1725

tragen, und schon 1592 trug sich ein Fechtmeister in die Matrikel ein. Der Fechtboden befand sich im städtischen Zehntstadel in der Unteren Brauhausgasse. Die Kunst des Reitens beherrschten schon die meisten angehenden Studenten, dennoch ist aber aus dem Jahr 1686 eine Eingabe zur Errichtung einer Reitschule oder Manege erhalten. Im 18. Jahrhundert reißt die Reihe der sogenannten Bereiter oder Stallmeister nicht mehr ab.

1658 wurde auch ein Tanzmeister angestellt; und gerade aus vielen Abbildungen in den Stammbücher erfahren wir, wie sehr das rechte Benehmen auf dem gesellschaftlichen Parkett geschätzt wurde. Diese Illustrationen stammten meist von den Universitätsmalern selbst, die Malerfamilie Kleemann war in Altdorf besonders bekannt, oder von ihren Schülern. Es gehörte vor allem in der Aufklärung zum guten Ton, daß malerische, schauspielerische oder musikalische Talente gepflegt wurden.

Konzert im Freien, Stammbuchblatt von 1644

Balettszene, Stammbuchblatt von 1731

Das Alumneum

Der reiche Nürnberger Kaufmann Konrad Groß, Berater und Bankier von Kaiser Ludwig dem Baiern, stiftete 1339 neben dem Heilig-Geist-Spital auch ein Stipendium für zwölf Chorschüler. Dieses Legat wurde auf die neue Schule in Altdorf übertragen. Jeweils zwölf Stipendiaten konnten auf Kosten der Stadt Nürnberg studieren. Sie wurden im Speisesaal verköstigt, wurden mit Kleidung versorgt und hatten unterm Dach des Hauptgebäudes einen gemeinsamen Aufenthaltsraum mit Arbeits- und Schlafkabinetten. Auf einem Puschnerstich werden in diesem Zusammenhang auch ausnahmsweise einmal Studierende bei konzentrierter Arbeit dargestellt. Was für ein atmosphärisches Bild! Betreut wurden die Alumnen von einer *„betagten Weibsperson"*, einer Wäscherin, einem Famulus und von einem Inspektor oder Tutor, der Magister und Theologe war. Diese noble Einrichtung für bedürftige Nürnberger Studenten ist im 17. Jahrhundert noch sehr ungewöhnlich, und diese soziale Einstellung gereicht der Stadt zur Ehre.

Auch die Prämienmedaillen, mit denen bis 1632 im Gymnasium die Besten einer jeden Klasse ausgezeichnet wurden, zeugen vom pädagogischen Weitblick eines ehrbaren und fürsichtigen Rats.

Das Alumneum, Stich von J.G. Puschner vor 1711

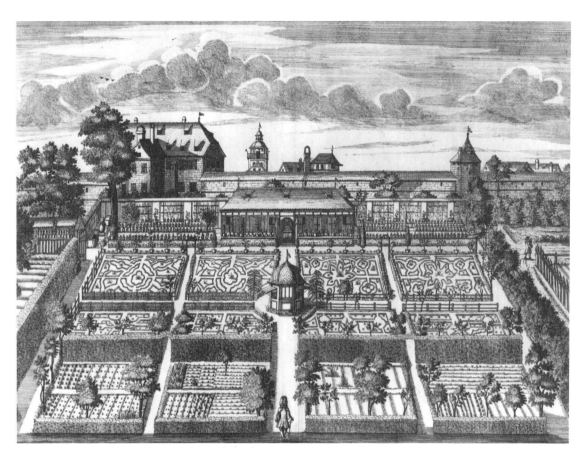

Plan des Doktorsgartens, Stich von J.G. Puschner vor 1711

IV. BESONDERE EINRICHTUNGEN DER UNIVERSITÄT

Der Hortus medicus oder Doktorsgarten

„Es verdienet aber hiernechst unter die Fürtrefflichkeiten unserer Universität absonderlich gezehlet zu werden der schöne Garten, welcher sowohl wegen seiner Größe und Cultur, als Vielfalt der Kräuter die mehristen hortos academicos nicht nur in Teutschland, sondern auch in anderen Ländern mercklich übertrifft."

So rühmt 1714 Johann Jacob Baier in seiner *„Ausführlichen Nachricht von der Nürnbergischen Universitätsstadt Altdorf"* den botanischen Garten. Der Wunsch nach einem eigenen botanischen Garten ging 1626, drei Jahre nach der Erhebung zur Universität in Erfüllung. Entscheidenden Anteil daran hatten der 1625 von Gießen nach Altdorf berufene Ludwig Jungermann, Professor für Medizin, der kurz vorher in Gießen einen botanischen Garten angelegt hatte, und einer der Kuratoren der Universität, Johann Friedrich Löffelholz, ein großer Gartenfreund.

Die unmittelbaren Vorbilder des Altdorfer Doktorsgartens waren an den italienischen Universitäten zu finden. Dort entstanden im 16. Jahrhundert nach dem Vorbild der mittelalterlichen Klostergärten botanische Gärten: der erste 1545 an der berühmten Universität Padua, dann in Pisa (1547) und in Bologna (1567). In Deutschland wurden 1580 in Leipzig, 1587 in Breslau und 1593 in Heidelberg botanische Gärten angelegt.

Die Botanik stand in dieser Zeit immer im Dienst der Medizin und gehörte zum Lehrstoff des Medizinstudiums; die Einrichtung der botanischen Gärten schuf die wissenschaftliche und praktische Grundlage für die Erforschung der Arzneipflanzen; daher auch die Bezeichnung *„Hortus medicus"!* Die deutschen Ärzte hatten bei ihren Studien in Italien die botanischen Gärten kennengelernt und waren bestrebt, solche Einrichtungen auch in Deutschland zu verwirklichen.
Auch das im 16. und 17. Jahrhundert erwachende Interesse an Natur und Naturwissenschaft und die Liebe zu einer gewissen Prachtentfaltung trugen in Nürnberg dazu bei, daß die Patrizier sich vor den Toren der Stadt Gärten anlegen ließen. So fand der Wunsch der Universität beim Nürnberger Rat leichter Gehör.

Als weitere Vorläufer der botanischen Gärten sind auch die an den Fürstenhöfen angelegten Prachtgärten anzusehen. Wichtig für Altdorf ist der Garten des Eichstätter Fürstbischofs Johann Conrad von Gemmingen. Denn bei der Herausgabe des prachtvollen Eichstätter Pflanzenkatalogs, des *„Hortus Eystettensis"* (1613) war der spätere Altdorfer Professor der Medizin und erste Gartenpräfekt (=Verwalter) Ludwig Jungermann maßgeblich beteiligt. Zwar wird die Leistung Jungermanns vom Herausgeber, dem Nürnberger Apotheker Basilius Besler, unterschlagen, aber sie war allgemein bekannt und anerkannt.
Der aus Leipzig stammende Ludwig Jungermann kannte Altdorf schon aus seiner Studienzeit und schloß hier Freundschaft mit Caspar Hofmann, der später Professor der Medizin in Altdorf wurde und der sicher auch die Berufung Jungermanns unterstützte. Ein Zeugnis seiner Studien in Altdorf ist der *„Catalogus plantarum Altdorfi"* (Verzeichnis wildwachsender Pflanzen um Altdorf), 1615 von Caspar Hofmann herausgegeben. Nach Abschluß seiner Studien blieb Jungermann in Gießen, wo er sich durch die Pflege des von ihm angelegten botanischen Gartens verdient machte. Nachdem im 30jährigen Krieg (1624) diese Universität geschlossen werden mußte, bekam Jungermann zahlreiche Angebote aus dem In- und Ausland, die er aber alle ausschlug und lieber einem Ruf seines Freundes Caspar Hofmann nach Altdorf folgte. Seit 1625 lehrte er an der Altdorfina Anatomie und Botanik - der jüngste Professor mußte immer diese anscheinend nicht so angesehenen Fächer übernehmen. Mit der Berufung Jungermanns hatte die medizinische Fakultät drei ordentliche Professoren. In seinem Gelehrtenlexikon schreibt Georg Andreas Will über Jungermanns weitere Tätigkeit in Altdorf:

„Hier legte er nun den mit der Zeit so berühmt gewordenen botanischen Garten an, und zierete ihn besonders mit fremden Gewächsen, wozu er selbst viele Saamen mitgebracht hat, treflich aus; ja er konnte, der Unruhen des 30jährigen Krieges ohngeachtet, den Altdorfischen Garten um so viel geschwinder in Flor bringen, weil er durch die Freygebigkeit vieler, großer und rechtschaffener Männer unterstützt wurde. Je mehr er aber die Blüthe dieses Gartens in Aufnehmen brachte, desto mehr breitete sich sein Ruhm an den entferntesten Orten aus; man besuchte ihn und seinen Garten häufig, und die größten Gelehrten, besonders aber die berühmtesten Botanici seiner Zeit, stunden mit ihm in Briefwechsel ... Er war auch selbst von seiner großen Kräuter Wissenschaft so überzeuget, daß, wenn man ihn zum heyrathen bewegen wollte, er allezeit sagte: er wollte sobald heyrathen, als ihm jemand ein unbekanntes Kraut bringen könnte. Er bliebe aber auch wirklich bis an sein Ende ledig."

Merians Stadtplan von Altdorf aus dem Jahre 1656 zeigt die genaue Lage und das frühe Aussehen des Hortus medicus: Er liegt nach Süden hinter dem Pflegschloß, also außerhalb der Stadtmauer. Anfangs war er etwa 3000 qm groß, nach einer späteren Erweiterung fast 4500 qm. Eine Einfassung mit einer Hecke und einer Mauer - ein kleines Stück Mauer ist heute noch in der Nähe des Pflegschlosses erhalten - schützten das Gelände. Der Garten war durch zwei Hauptwege von Nord nach Süd und von Ost nach West unterteilt, an deren Kreuzung ein Pavillon stand. Die anfänglichen vier großen Felder sind ganz im Geschmack der französischen Gartenkunst gestaltet. Die Beete haben die Form von verschlungenen Ornamenten, eingefaßt von niedrigen Buchsbaumhecken. Später werden Torbögen mit Kletterrosen angelegt, und kugel- oder pyramidenförmig geschnittene Bäume und Reihen von Blumentöpfen auf Mauern zieren den Garten, der so eher einem Lust- als einem Lehrgarten gleicht.

1656 ließ Professor Mauritius Hoffmann das *„Hibernaculum"* bauen, ein Überwinterungshaus für ausdauernde und frostempfindliche fremdländische Gewächse. Hoffmann war 1653 der Nachfolger Jungermanns auf dessen Lehrstuhl und gleichzeitig für die nächsten 50 Jahre Präfekt des botanischen Gartens geworden. Das Gewächshaus wurde mit zwei Öfen beheizt, im 18. Jahrhundert aufgestockt und mit einem Schrank zur Aufbewahrung von Samen ausgestattet. Zur Hundertjahrfeier 1726, die unter der Leitung des damaligen Gartenpräfekten Johann Jacob Baier begangen wurde, fertigte Johann Georg Puschner einen Kupferstich an, der den erweiterten Garten mit all seinen Besonderheiten zeigt: den Pavillon in der Mitte, das Winterhaus mit Ofen, die verglasten Frühbeete für die Anzucht von Pflanzen, Reihen von Topfpflanzen auf der Gartenmauer vor dem Hibernaculum, Spalierbäume entlang der Einfassungsmauer und die bei der Anlage des Gartens gepflanzte hohe Lärche. Der im Stil der französischen Gartenkunst gestaltete ältere Teil enthielt die Zierpflanzen, in den anschließenden Gevierten wuchsen die Heilkräuter, im südlichsten Teil lagen die Gemüsebeete und die Baumschule. Mehrere Schilder in lateinischer und deutscher Sprache, wie z.B. *„Hic Argus esto, non Briareus"* oder *„Mit Augen dich freue, mit Händen dich scheue"*, sollten die Besucher auf das angemessene Verhalten hinweisen.

Der Hortus medicus diente in erster Linie dem Anbau und der Demonstration von Heilpflanzen für den Unterricht in der *„Materia medica"*. Die Gartenpräfekten hielten in den Sommersemestern im leeren Winterhaus öffentliche, d.h. unentgeltliche botanische Übungen, bei denen die Hörer auch Exemplare der vorgeführten Pflanzen bekamen, so daß sie sich eigene Kräuterbücher anlegen konnten.

Da jeder der Gartenpräfekten ein Verzeichnis der im Hortus medicus vorhandenen Pflanzen herausgab, wissen wir gut Bescheid über den Pflanzenbestand. 1635 erstellte Professor Jungermann das erste Verzeichnis: *„Catalogus plantarum, quae in horto medico et agro Altorphino reperiuntur"* (Verzeichnis der Pflanzen, die im Doktorsgarten und auf den Altdorfer Fluren zu finden sind). 1790 erschien der letzte Katalog, von Professor Vogel herausgegeben, der neben den herkömmlichen auch 2500 exotische Pflanzen nennt. Nicht ohne Stolz führt Will einige der edlen Spender auf:

„Der sel. Geheimerath Trew vermachte alle in seinem Hausgarten befindlich gewesene rare Gewächse hieher, die wir noch nicht hatten. Meine zweite Gattin aber, Frau Barbara, gebohrne Reinmännin, hat im J(ahr) 1777. acht grosse Orangenbäume hieher gestiftet, dergleichen noch nicht vorhanden waren."

Ausführliche Angaben enthält die Beschreibung des botanischen Gartens von Mauritius Hoffmann von 1677: *„Florae Altdorffinae Deliciae Hortenses, sive Catalogus Plantarum Horti Medici ..."* (Gärtnerische Freuden an Altdorfer Blütenpflanzen oder Verzeichnis der Pflanzen des Doktorsgartens). Viele der alphabetisch aufgeführten Pflanzen - die Sy-

FLORÆ ALTDORFFINÆ
DELICIÆ HORTENSES,
SIVE
CATALOGVS
PLANTARVM HORTI
MEDICI,
QVIBVS
POST FELICIVM TEMPORVM
REPARATIONEM,
AB
ANNO CHRISTI cIɔ Iɔc L.
VSQVE AD ANNVM
cIɔ Iɔc LXXVII.
AVCTIOR EST FACTVS.
Præfecto Ejvsdem
MAVRICIO HOFF-
MANNO, MED. D.
SERENISS. ELECT. ET MARCHIONVM
BRANDENB. REIQ: PVBL NORIMBERG.
ARCHIATRO.

ALTDORFFI,
Typis HENRICI MEYERI, Univerſitatis
Typographi.

Pflanzenkatalog von Mauritius Hoffmann, 1677

stematik von Linné stammt ja erst aus dem 18. Jahrhundert! - sind auch heute noch bekannte Heilpflanzen: Adonisröschen, Schafgarbe, Eibisch, Engelwurz, Kamille, Wundklee, Wermut, Kalmus, Beifuß, Waldmeister, Tollkirsche, Augentrost, Bärentraube, Thymian, Malve, Osterluzei, Eisenhut, Christrose, Herbstzeitlose, Seifenkraut, Birke, Pfefferminze, Lavendel, Wacholder, Ysop, Mohn, Gamander, Linde, Rainfarn, Fingerhut, Wurmfarn, Fieberklee, Aloe u.v.a.

Daneben wurden auch ausgesprochene Zierpflanzen kultiviert. Aufgeführt werden ca. 16 verschiedene Rosen, außerdem Pfingstrosen; zahlreiche Orchideen und Knabenkräuter, sicher von den Fluren Altdorfs in den Garten gebracht; Nelken, auch wildwachsende aus der Altdorfer Gegend. Besondere Begeisterung und Sammelleidenschaft lösten in dieser Zeit Zwiebel- und Knollenpflanzen aus, z.B. alle Arten von Iris, Schwertlilien und Lilien überhaupt. Ungefähr 20 verschiedene Arten von Narzissen und Krokus, 19 verschiedene Arten von Hyazinthen und ungefähr 24 Tulpenarten bezeugen diese Manie der Gartenkultur des 17. Jahrhunderts. Eine Kuriosität ist für uns heute, daß die Kartoffel unter den Ziergewächsen auftaucht. Kultiviert wurden auch die verschiedensten Obstsorten wie Pflaumen, Kirschen, Äpfel. Dabei werden einheimische und bekannte Sorten auch mit den deutschen Bezeichnungen aufgeführt. Daneben finden sich als exotische Pflanzen, die im Hibernaculum sicher den fränkischen Winter überstanden, z.B. Zitrone, Pfirsich und Granatapfel.

Hoffmann verweist auch immer wieder auf die Verwendung der Pflanzen, auf den Standort, auf Vermehrungsmöglichkeiten, auf verschiedene Varietäten einer Pflanze. Er beschreibt Blattformen, nennt die Wissenschaftler, die die Pflanzen erstmals beschrieben haben, und gibt im Anhang Hinweise auf die Blütezeit der Pflanzen. Ein zweiter Teil des

Anhangs befaßt sich mit Pflanzen aus der Altdorfer Gegend, ebenfalls mit Hinweisen auf Standort und Blütezeit.

Weitere Pflanzenverzeichnisse stellten die nachfolgenden Gartenpräfekten zusammen. Vom Vater Mauritius Hoffmann übernahm der Sohn Johann Moritz das Amt und ergänzte die Pflanzenkataloge des Vaters 1703 durch einen Appendix mit den Neuanschaffungen. In der Amtszeit von Johann Jacob Baier erlebte der Garten die letzte Erweiterung.

Außerdem wurde 1726 unter seiner Leitung das hundertjährige Bestehen des Hortus medicus feierlich begangen. Professor Jantke und Professor Vogel waren die letzten Gartenpräfekten bis zur Schließung der Universität im Jahr 1809.

Nach der Auflösung des Gartens wurde der größte Teil der Gewächse nach München gebracht - wohin sonst?! Der Rest und verschiedene Gartengeräte kamen nach Erlangen. Der Garten selbst diente dem Lehrerseminar noch als Schulgarten und Acker; in die Mauer eingeritzte Namen geben Zeugnis von den Seminaristen. Und heute? Die Mauern stehen noch und die Pforte, sonst nichts. – Sic transit gloria horti medici!

Erika Recknagel

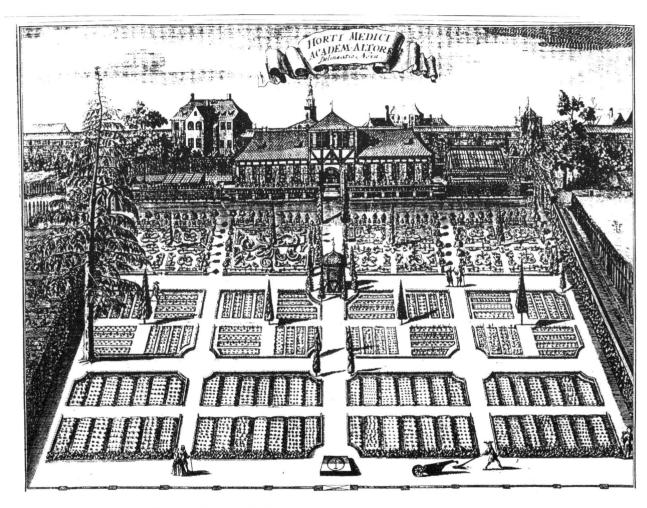

Der Gartenplan von 1726, Stich von J.G. Puschner

Die Anatomie, Stich von J.G. Puschner 1718

Die Anatomie

Als im Jahr 1650 im Ostflügel des Universitätsgebäudes neben dem mathematischen Hörsaal ein Theatrum anatomicum eingerichtet wurde, waren die Zeiten des Verbots von anatomischen Studien noch gar nicht so lange vorbei. Während in der Antike, das gilt auch für den großen Galenos, und im Mittelalter allenfalls Tiere seziert wurden, haben Leonardo da Vinci und vor allem Andreas Vesalius, Professor in Padua, erstmals auch menschliche Leichen zergliedert. 1538 erschienen dessen *„Anatomische Tafeln"* und 1543 sein Hauptwerk *„De humani corporis fabrica"* (Über den Bau des menschlichen Körpers). Die einen Mediziner verehrten noch die antike Autorität Galens; Vesalius dagegen vertraute nur seinen Augen und seinen sezierenden Händen. Mit ihm beginnt auf dem Gebiet der medizinischen Wissenschaften die Neuzeit. Das Zentrum dieser neuen Schule war Padua. Hier hat auch Harvey um 1618 den Blutkreislauf und Mauritius Hoffmann den Ausgang der Bauchspeicheldrüse entdeckt. Überall in Europa entstanden anatomische Theater, und Sezierungen bzw. die Anwesenheit bei anatomischen Demonstrationen gehörten fast zum guten Ton der vornehmen Gesellschaft.

An der Altdorfina wurde diese wichtige und moderne Einrichtung ebenfalls von Mauritius Hoffmann angeregt. Er konnte die Scholarchen G. Imhof, A. Poemer, Chr. Kress und L. Grundherr dafür gewinnen, daß die Anatomie nach modernsten Gesichtspunkten errichtet wurde nach Art eines Amphitheaters mit fünf ansteigenden Sitzreihen. So konnten die angehenden Mediziner die Sezierung eines Leichnams

Deutsche Übersetzung des Kompendiums der Anatomie 1733

möglichst nahe und genau verfolgen. Den anatomischen Tafeln von Vesalius ähnlich, hingen in der Altdorfer Anatomie acht Tafeln in Lebensgröße, welche die Muskeln, Sehnen, Adern, Nerven, Eingeweide und verschiedene Organe des Menschen darstellten. Außerdem befanden sich in dem Raum die Skelette zweier Erwachsener und eines Kindes und der verschiedensten Tiere. Die Gerippe eines Kroaten zu Pferd, eines Hirschen und eines Bären befanden sich ursprünglich in der großen Bibliothek und sind erst später in die Anatomie gekommen. Außerdem wurden dann Präparate von Laurentius Heister erworben, darunter eine Reihe von Foeten, die deren Entwicklung von Monat zu Monat zeigten. Schließlich gehörte zur Ausstattung auch eine Sammlung von über 350 chirurgischen Instrumenten zur Geburtshilfe, zu Amputationen, Augenoperationen und zum Steinschneiden. In einem abgetrennten Verschlag war ein Präparierstübchen eingerichtet, durch das fließendes Wasser geleitet wurde.

Die erste öffentliche Sezierung durch M. Hoffmann soll erst 1657 stattgefunden haben. Zwei Stiche solcher Veranstaltungen von A. Boener und J.G. Puschner sind uns überliefert: Boeners Darstellung wirkt sehr düster und geheimnisvoll, und der dunkle Raum ist nur durch einige Kerzen erhellt. Auch bei Puschner brennen noch einige Kerzen, doch ist der Hörsaal ziemlich hell und weit. Vor allem sind die Anwesenden sehr interessiert und in ihrer Haltung geradezu elegant.

Was Vesalius für Padua und die Anatomie, das war Laurentius Heister für Altdorf und die Chirurgie. Im Jahr 1717 brachte er in Altdorf sein *„Compendium anatomicum"* heraus, das in viele Sprachen übersetzt und immer wieder neu aufgelegt wurde. Dieses Kompendium, *„welches die gantze Anatomie aufs allerkürtzeste in sich begreifft"*, war erst die Grundlage für sein großes Hauptwerk, das zwei Jahre später erschien, nämlich die *„Chirurgie oder Wund-Artzney"*.
Zurück zur Anatomie! Den Besucher und die Studenten begrüßte beim Eintreten folgende Inschrift:

„Wer du auch bist, der sich selbst erkennen will, äußerlich und innerlich, Du bist voll tatktäftigem Eifer zur Zergliederung und Betrachtung des menschlichen Körpers und erkennst zugleich dankbaren Herzens die Wohltat der erhabenen Republik Nürnberg".

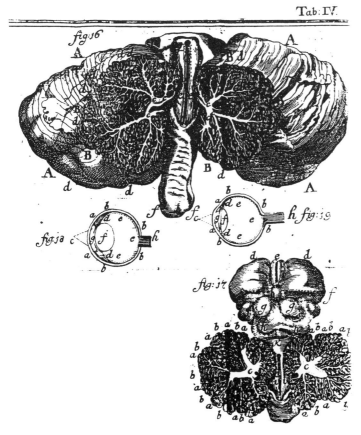

Hirn und Auge von Mensch und Tier aus Heisters
„Compendium"

Das Altdorfer Laboratorium, Stich von J.G. Puschner vor 1711

Das chemische Laboratorium

Die magisch-alchimistischen Wurzeln der Chemie, nämlich mit Hilfe des Steins der Weisen Gold machen zu können, werden schon in den *„Mathematischen und Philosophischen Erquickstunden"* (Altdorf 1636, 1651 und 1653) von Schwenter und Harsdörffer mit folgenden Worten verspottet:

„Also haben etliche Chymisten Gold gesuchet / solchen Schatz nicht gefunden; aber hingegen viel andere Kunststücklein in der Artzney / zu der Menschen Gesundheit dienlich erforschet / welche solchem Sonnen-Metall wol gleich würdig zu achten."

1682 wurde auf Betreiben von Mauritius Hoffmann für dessen Sohn Johann Mauritius ein chemisches Laboratorium hinter den Universitätsgebäuden an die Stadtmauer angebaut. Finanziert wurde auch dieser Bau von zwölf Metern Länge, fünf Metern Breite und einer Gewölbehöhe von 4,5 Metern durch die Reichsstadt Nürnberg. Das Innere des Labors und die reiche Ausstattung mit den verschiedensten Öfen, Retorten oder Destillierkolben, einem Arbeitstisch und einem Katheder ist uns in einem Kupferstich von J. G. Puschner (um 1710) überliefert. Gegenüber der Tür ist eine Inschrift angebracht, wo es unter anderem heißt:

„Zur Ausübung der Chemie ... haben diese Stätte durch die Freigebigkeit der berühmten Reichsstadt Nürnberg zum Schmuck der Akademie, zum Wachstum der Medizin, zu Heil und Vorteil der Bürger 1683 von Grund aus erbauen lassen ... Du aber, der diesen Ort betritt, wisse, daß er arbeitsreiche Wonne, nicht faule Ruhe gewährt, und hüte Dich, ihn zu entheiligen!"

Johann Mauritius Hoffmann, der erste Professor der Chemie, spricht in der Eröffnungsrede von der Notwendigkeit und dem Nutzen der Chemie und nennt sie eine *„Dienerin der Medizin"*. Als Grundstoffe kennt er Salze, Schwefel, Quecksilber, Phlegma und Erde, als chemische Prozesse behandelt er die Lösung oder Digestion, die Extraktion, Destillation, Sublimation, Reduktion und die Gärung und Fäulnis. 50 Jahre später definiert Schulze in seinen *„Chemischen Versuche"* die Wissenschaft von der Chemie als *"die gelehrte und sinnreiche Bemühung, alle von der Natur gemischte und zusammengesetzte Cörper in ihre Bestandteile zu zerlegen, und durch neue und mannigfaltige Zusammenfügung derselben, neue und von der Natur selbst nicht hervorgebrachte zum Gebrauch des menschlichen Geschlechts aber sehr nützliche Sachen ans Licht zu bringen ..."*

Doch zurück zu dem für damalige Verhältnisse gut und modern ausgestatteten *„Laboratorium Chemicum im Collegio zu Altdorf"*! In den seitlichen Nischen oder Kaminen und an der Rückwand fallen vor allem die unterschiedlichsten Öfen auf, die zum Reinigen, Schmelzen, Rösten und Destillieren gebraucht wurden:

"Der so genandte piger Henricus, oder faule Heintze, ein hoher Wind-Ofen mit einem langen Rohr, ein Schmeltz- und Reverberir-Ofen, ein Probir-Ofen, zwey so genandte furni lampadis philosophicae."

Mit letzterem wollte man den Stein der Weisen gewinnen. Noch 30 Jahre nach der Fertigstellung kann J.J. Baier in seiner Geschichte der Universitäts-Stadt Altdorf mit Fug und Recht behaupten:

"Das Laboratorium Chimicum hat wohl auf keiner Universität in Teutschland seines gleichen an Weite, Zierlichkeit und Kostbarkeit. Selbiges ist zum höchsten Nutzen der Studiosorum Medicinae auf Oberherrliche Kosten vom Grunde aus lauter Quadersteinen neuerbauet worden Anno 1682."

Hier forschte und lehrte auch Johann Heinrich Schulze. Und bis vor zehn Jahren konnte man sagen: Hier hat Schulze im Jahr 1725 den *„Scotophorus"* beziehungsweise die Lichtempfindlichkeit der Silbernitrate und damit die Grundlage der Photographie entdeckt! Doch davon später mehr.

JOHANNES MAVRICIVS HOFFMANN
Phil. & Med. D. Anat. & Chem.
Prof. Publ.

LABORATORIVM NOVVM CHEMICVM
apertum;
MEDICINÆ CVLTORIBVS
cum amicâ ad Orationem Inauguralem
invitatione
denunciat.

ALTDORFI, Typis Henrici Meyeri, Vniv. Typographi.
A.C. cIɔ Iɔc LXXXIII.

JOHANNIS MAVRITII HOFFMANNI,
SERENISSIMI MARCHIONIS ONOLDO-
Brandenburgici Consiliarii Aulici & Archiatri Primarii,
Antehac Vniversitatis Altdorfinæ Senioris & Facultatis Medicæ
Profess. Publici, Academiæ Leopoldino-Carolino Cæsareæ Naturæ
Curiosorum Adjuncti, Heliodorus dicti.

ACTA LABORATORII CHEMICI ALTDORFINI,
Chemiæ fundamenta, operationes præcipuas
& tentamina curiosa, ratione & experientia
suffulta, complectentia.

NORIMBERGÆ ET ALTDORFFII,
Apud Hæredes JOH. DAN. TAVBERI.
ANNO MDCCXIX.

„Das neue chemische Labor zum Nutzen der Medizin" von Joh. M. Hoffmann, 1683

„Abhandlung des Altdorfer chemischen Laboratoriums" von Joh. M. Hoffmann, 1719

Die Sternwarte auf dem Dach des Hauptgebäudes

Das Observatorium Astronomicum

Der gestirnte Himmel, unendlich fern und unerreichbar, hat merkwürdigerweise die Menschen zu allen Zeiten tief beeindruckt und fasziniert. Die Forscher an der Wende zur Neuzeit haben nicht nur die Erde und den Menschen aus einem neuen Blickwinkel betrachtet, sondern auch die Gestirne. Nicht von ungefähr wird in dieser Zeit das Fernrohr erfunden, und nicht von ungefähr gehören zu den Großen dieser Zeitenwende die Astronomen Kopernikus, Galilei und Kepler!

Schon an der Altdorfer Akademie hat 1578 Praetorius *„Über Kometen, die früher gesehen wurden und über den, der neuerdings im November erschien"* geschrieben. Ein anderer Mathematiker der Akademie, Petrus Saxonius, veröffentlichte 1616 ein Flugblatt über die Sonnenflecken *„Maculae solares ex selectis observationibus"* und machte schon auf die sich ändernden Sonnenflecken aufmerksam.
Aber erst Professor Abdias Trew brachte die Astronomie in Altdorf durch die Einrichtung einer Sternwarte auf den neuesten Stand. 1638 widmete er dem damaligen Pfleger von Altdorf, dem Patrizier Georg Poemer, gleichsam als Einstand den ersten gedruckten Stadtplan. In ihm ist unter anderem auch ein *„Observatorium Astronomicum"* auf einem Turm der nördlichen Stadtmauer eingezeichnet. Georg Andreas Will zitiert in seiner Beschreibung dieses sogenannten *„Trewsthurn"* folgende Inschrift:

„Die berühmten ... Senatoren und Scholarchen G. Imhoff, L. Grundherr, Chr. Kress und J. Starck haben für diese Sternwarte ... mit einzigartiger Freigebigkeit gespendet und gesorgt ... anno 1657."

Die unterschiedlichen Jahreszahlen lassen sich so erklären, daß Trew zunächst auf eigene Kosten ein Provisorium einrichtete, das dann 19 Jahre später von der Reichsstadt und den erwähnten Patriziern großzügig ausgestattet wurde. *„Man versah diese Sternwarte mit den nöthigsten und besten Instrumenten, die man damals hatte, einem messingenen Quadranten von 4 Schuh (=1,20 m) im Durchmesser und darin einverleibten azimuthalischen Cirkel, davon der Diameter 9 Schuh war, wie auch mit einem Sextanten"*, so Will.

Im Mai 1695 schenkten die beiden Nürnberger Kaufleute A. Ingolstetter und J. Grassel der Universität ein Planetenmodell, das der Astronom Gg. Chr. Eimmart entworfen und der Mechaniker Ludtring hergestellt hatte. Professor Sturm hat diese drehbare Maschine, eine sogenannte kopernikanische „*Armillar-Sphäre*", ausführlich beschrieben; sie wird heute im Germanischen Nationalmuseum aufbewahrt.

1710 hatte Johann Heinrich Müller eine physikalisch-astronomische Disputation geleitet über die Frage „*Ob der Mond von einer Atmosphäre umgeben ist?*" In den Jahren 1711/12 ließ dann Professor Müller auf dem Dach des Hauptgebäudes ein neues Observatorium errichten, das aus dem Observationszimmer von 30 qm bestand und der darüberliegenden Altane, einer Plattform mit einem Eisengitter. Daneben befand sich ein Türmchen mit dem Treppenaufgang zur Altane. An neuen Geräten zur Ortsbestimmung der Gestirne wurden ein astronomischer Tubus von 32 Fuß (=10 m) und ein Azimutalquadrant von 2 Fuß Radius von J. G. Ebersberger angeschafft. Zur genauen Zeitbestimmung waren eine sekundengenaue Penduluhr, ein Sonnenquadrant und ein Gnomon vorhanden. Auf der Altane befand sich ebenfalls ein Quadrant, der um eine Eisensäule gedreht werden konnte. Später wurden dann von den Professoren Adelbulner und Späth diese Instrumente durch ein Spiegelteleskop von 18 Zoll ergänzt.

Die Sternwarte, die „*sich von aussen in der Ferne mit den darauf befindlichen Instrumenten gar schön darstellet*", ist auf einem Plan von 1811 noch vorhanden. 1812 wurden alle Apparate an eine Schule, ein Realinstitut, nach Nürnberg gebracht. Zu dieser Zeit wurde wahrscheinlich auch das Observatorium abgebrochen. In den Beschreibungen und Illustrationen des Lehrerseminars wird jedenfalls die Sternwarte nicht mehr erwähnt.

Eimmarts Planetenmodell

Quadranten aus der Altdorfer Sternwarte

Eine wohleingerichtete Buchdruckerei von 1733

Die Universitätsdruckereien

Von Gutenbergs Erfindung ist nicht so sehr die Druckerpresse, sondern die Erfindung der Metall-Lettern besonders wichtig. Helmut Presser, ehemaliger Direktor des Mainzer Gutenberg-Museums, schreibt dazu: *„Die große Leistung Gutenbergs bestand in der Herstellung der Einzeltypen aus Metall."*

Doch die größte Leistung Gutenbergs ist der hohe Grad der Präzision bei beiden Instrumenten: Dies gilt für das sorgfältige Einfärben des Druckstockes, für den gleichmäßigen Andruck der Presse und für die exakte und paßgenaue Übereinstimmung des Satzspiegels auf der Vorder- und Rückseite durch das Rähmchen und durch Nadeln. Die Genauigkeit eines Goldschmiedes, und Gutenberg war ja von Haus aus Goldschmied, war erforderlich bei der Herstellung der Bleilettern, genauer gesagt beim Gießen der Lettern: In einen Stahlstempel wurde der Buchstabe geschnitten, dieser in ein Kupferplättchen geschlagen, so entstand die Matrize. Sie wiederum wurde am Boden des Gießinstrumentes befestigt und in den rechteckigen Hohlraum das flüssige Blei eingefüllt. Die gegossenen Lettern mußten auf den Zehntelmillimeter genau gleiche Schrifthöhe, gleiche Achselhöhe und die gleiche Schriftlinie haben. Ein Schriftgießer konnte in den Anfängen der schwarzen Kunst etwa 600 Buchstaben pro Tag herstellen, eine gewaltige Steigerung verglichen mit dem langwierigen Schneiden von Holzbuchstaben! Diese unterschiedlichsten Überlegungen und Erfindungen sind allein Johannes Gutenberg zuzuschreiben. Dabei galten bis 1740, also fast dreihundert Jahre lang, Johann Fust und Peter Schöffer als die eigentlichen Erfinder und Gutenberg nur als ihr Geselle. Erst der Altdorfer Historiker Professor Johann David Köhler veröffentlichte 1741 eine *„Hochverdiente und aus bewährten Urkunden wohlbeglaubte Ehren-Rettung Johann Gutenbergs ... wegen der ersten Erfindung der nie gnug gepriesenen Buchdrucker-Kunst ... "*

Bevor ich jedoch endgültig von Altdorfer Druckereien spreche, muß noch kurz Nürnberg erwähnt werden. Dort fallen die Anfänge der Buchdrucker-Kunst mit der wirtschaftlichen und kulturellen Hochblüte der Reichsstadt zusammen. Auch als ein bedeutendes Zentrum des Buchdrucks war Nürnberg bis ins 18. Jahrhundert berühmt. Ich nenne nur einige Namen: Die Groß-Druckerei Anton Kobergers mit der *„Schedelschen Weltchronik"* und einer *„deutschen Bibel",* Johannes Petreius, der das revolutionäre Werk von Nikolaus Kopernikus druckte; die Offizin Felßecker, die den *„Simplicissimus"* von Grimmelshausen herausgab; die Offizin Endter, eine der großen Werkstätten der Barockzeit, und schließlich den großen Atlanten-Verlag Homann.

Gegen diese übermächtige Konkurrenz mußte sich ein Altdorfer Drucker erst einmal behaupten, und er konnte sich auch nur behaupten als Universitätsdrucker, als Typographus Academiae! Die Altdorfer Drucker sind von Anfang an sogenannte "Universitätsverwandte", d.h. sie sind Angehörige der Universität, sind in die Matrikel eingetragen, unterliegen der Gerichtsbarkeit und schwören dem Rektor folgenden Eid:

„Ich gelobe und schwere, daß Ich dem verordnetem Herrn Rectori, und gantzem Rath dieser Löblichen Universitet, in allen billichen sachen getreu, holt, und gehorsam sein, auch der Academi Nuzen und Frommen treulich befördern, derselben Schaden und Nachteil alles möglichen Fleißes abwenden und vermeiden will ... Vornemblichen aber daß Ich ohne wissen und willen des Herrn Rectoris nicht von hinnen raisen, noch das geringste von den Studiosis oder iemand ands druckhen, oder andern zu druckhen gestatten, es sey dann von dem Herrn Rectore, oder Decanis unterschrieben, darbey Niemandt übernommen, und mich entlichen in allen also erzeigen und verhalten will, wie einer getreuen, Erbarn, auffrichtigen, Ehrlichen Person in alleweg gebührt, und woll anstehet. So waar mir Gott helff und sein heylig Evangelium." (1649)

1731 heißt es im *„Jetztlebenden Altdorf"*: *„Es sind 2 wohlbestellte Buchdruckereyen allhier ... in welchen beyden ausser ihren Principalen sich 13 Gesellen und 5 Jungen befinden."*
Die beiden Werkstätten sollten *„Universitätsschriften"* drucken, wie zum Beispiel die Leges Universitatis, die Mandate und Erlasse des Senats, Vorlesungsverzeichnisse, Disputationen und Dissertationen der Studenten und Veröffentlichungen der Professoren.

Wegen des Nürnberger Konkurrenzdruckes unterstützte anfangs der Rat der Reichsstadt die Drucker in Altdorf mit einem Darlehen von 200 fl., so auch den ersten Altdorfer Drucker Nikolaus Knorr (lateinisch Taläus) im Jahr 1586 oder dessen Nachfolger Christoph Lochner und Johann Hofmann.

Conrad Agricola aus Lauf ist in der Matrikel als dritter Typographus Academiae erwähnt; er ist von 1608 bis 1615 in Altdorf, und er druckt 1613 höchstwahrscheinlich neben einer Bibel-Konkordanz und einem Pflanzenkatalog von Ludwig Jungermann eines der großartigsten Pflanzenbücher überhaupt, den *„Hortus Eystettensis"*. In Imperial-Folio, das ist ein Buchformat von 47 x 55 cm, werden auf 850 Seiten in 357 Kupfertafeln 1084 Pflanzen aus dem botanischen Garten der Willibaldsburg in Eichstätt abgebildet und beschrieben. Der Fürstbischof Johann Conrad von Gemmingen hat das grandiose Werk befohlen und gefördert; er ist allerdings 1612 noch vor der Drucklegung gestorben. Der Nürnberger Apotheker Basilius Besler hat die Prachtbände herausgegeben, aber die wissenschaftliche Betreuung durch den Altdorfer Professor Ludwig Jungermann (er hat dann 1625 den Doktorsgarten angelegt) verschwiegen wie auch den Druck durch Conrad Agricola (= Bauer)! Hans Baier von der Staatsbibliothek Eichstätt hat beides überzeugend nachgewiesen: Jungermann beschwert sich in einigen Briefen über Besler, und vor allem ist die C-Initiale aus Jungermanns in Altdorf gedrucktem Katalog und aus dem *„Hortus Eystettensis"* identisch. Dr. H. O. Keunecke von der Erlanger UB ist anderer Ansicht: Er traut zurecht der kleinen Druckerei einen solch großen Auftrag nicht zu. Das könnte man allenfalls mit dem Gedanken an ein Konsortium von mehreren Druckern widerlegen, die sich den Auftrag teilten. Übrigens wird im Nürnberger Großen Rat ein Conrad Bauer genannt, der 1614 *„fallirte"*, d.h. bankrott machte. Sollte sich Agricola mit dem Druck des *„Hortus"* übernommen haben?

1620 wird Balthasar Scherff Universitätsdrucker und erhält vom Nürnberger Rat einen Jahressold von 50 fl., er klagt darüber, daß *„sehr viel Sachen von Altdorf herein zu trucken geschickt ..."*. Scherff druckt die Festschrift zur feierlichen Universitätserhebung von 1623 *„Actum publicationis privilegiorum doctoralium Universitatis Altorfinae"*.

Scherffs Geselle und Schwager Georg Hagen leitet von 1643 bis 1666 die Druckerei. Er druckte 1666 die Dissertation von Gottfried Wilhelm Leibniz *„De casibus perplexis in Jure"*, die so sehr beeindruckte, daß man dem 20jährigen Leibniz eine Professur anbot.

Hagens Witwe heiratete 1670 in dritter Ehe Heinrich Meyer, der Geselle bei Endter in Nürnberg war. Von da an blieb dann fast 150 Jahre die Werkstatt im Besitz der Familie Meyer. Die Offizin Meyer wurde von 1707 – 1735 von Magnus Daniel Meyer, 1737 – 1769 von Johann Georg Meyer und 1768 – 1817 von Johann Paul Meyer geleitet. Dessen einzige Tochter Elisabetha Johanna heiratete 1797 den Erlanger Buchdrucker A. E. Junge, und so kam die Meyer'sche Offizin nach Erlangen und blieb so Universitätsdruckerei als Firma Junge und Sohn. Seit 1678 ist die Offizin Meyer auch urkundlich durch Steuerkataster lokalisierbar, und zwar im jetzigen Universitäts-Museum! In direkter Linie ist hier die Drucker-Familie Meyer aufgelistet von 1678 (Heinrich Mayr, Typographus) bis 1810 (Johann Paul Meyer). In den Fehlböden dieses Hauses wurden als Isoliermaterial zusammengeknüllte Druckbögen gefunden und außerdem auf dem Dachboden eine Schöpfkelle aus Eisen, eventuell für das Gießen der Bleilettern! Und da Besitzgrenzen, Rechte und Gerechtsame und Häuser meist einen wesentlich längeren Bestand haben als Menschen, darf man mit Fug und Recht sagen, daß sich in diesem Haus die erste Altdorfer Druckerei befand!

Daneben entstand schon bald eine zweite Altdorfer Druckerei: Am 20. März 1661 schrieben die Nürnberger Scholarchen an den Rektor der Universität:

„ ... Lieber Herr und Freund. Hiemit thun wir den Herrn verständigen, daß unlängsten Hannß Göbel deß Göbel Mößners zu Altdorff Älterer Sohn bey Unß sich supplicando angemeltet und unser verwilligen gesucht, daß er zu Altdorff eine Buchdruckerey auff- und anrichten möge: und daß wir ihme in seinem Begehrn, wann er ja vermeint, damit sich zu ernehren, willfahret haben. Derowegen uff dessen anmelten der Herr ihme hierzu allen Vorschub und Beförderung zu thun wißen wird, Gott befohlen, datum Nürnberg, den 20. Martii Anno 1661.

Scholarchae"

Der Ton des Schreibens ist etwas zögerlich, aber der gebürtige Altdorfer Johann Göbel, der zuvor schon in Straßburg in eine Druckerei eingeheiratet hatte – das war der normale Weg zum Meister – riskierte es. Er selbst starb schon 1664, doch sein Geschäft blühte und gedieh. Seine Witwe heiratete in dritter Ehe den Drucker Johann Heinrich Schönnerstädt, der die Werkstatt von 1665 bis 1692 leitete. Und schließlich erlebte diese zweite Offizin von 1692 bis 1737 unter Jobst Wilhelm Kohles aus einer wohlhabenden

Nürnberger Kaufmannsfamilie ihre erste Blütezeit. Auch er hatte sein Handwerk in der Endter'schen Druckerei gelernt. Georg Andreas Will schreibt in seiner *„Kurzen Geschichte der Altdorfischen Buchdruckere"* (1759):

„Er druckte ungemein sauber, und besonders waren die Acta sacrorum Saecularium Academiae Altorfinae von 1723 ... ein Meisterstück, so keiner Schrifft; die bis dorthin aus einer deutschen Officin kam, an Nettigkeit und Genauigkeit etwas nachgiebt ... "

In diesem Meisterwerk der Druck-Kunst mit 350 Folio-Seiten sind alle Reden, Glückwunschadressen und Gedichte veröffentlicht zur

„Denkwürdigen Hundert-Jahrfeier, welche ... am 29. Juni 1723 die Altdorfer Akademie in frömmster und feierlichster Form gefeiert hat."

Dieser Prachtband wurde vom Rhetorikprofessor Christian Gottlieb Schwarz herausgegeben, von Paulus Decker und Johann Georg Puschner reich illustriert und mit einer Vielzahl verschiedenster Drucktypen gedruckt.

Im selben Jahr 1723 verlegt Ernst Friedrich Zobel ein wohlfeiles Bändchen im Querformat mit dem Titel *„Das Merckwürdigste von der Löbl. Nürnbergischen Universitäts-Stadt Altdorff ..."*, das auf etwas einfachere Weise für die Stadt und für den Drucker Kohles geworben hat.

Ein Werk muß noch genannt werden, das am Anfang der Ära Kohles steht: Johann Christoph Wagenseils *„De Sacri Romani Libera Civitate Norimbergensi commentatio"* von 1693, die erste große Geschichte Nürnbergs mit über 570 Seiten!

Von Kohles kauft dann Johann Adam Hessel 1737 die Druckerei in der Spiegelgasse Nr. 224, der heutigen Hesselgasse, und die Hessels bleiben bis 1920 im Besitz der Hessel'schen Offizin: Von 1785 bis 1814 leitete Christoph Bonaventura Hessel die Werkstatt. Er druckte die anonyme Kampfschrift *„Deutschland in seiner tiefen Erniedrigung"* des Nürnberger Buchhändlers Johann Philipp Palm, der auf Befehl Napoleons am 26. August 1806 erschossen wurde. Hessel warf den Rest der Auflage in seinen Brunnen.

1814 übernahm Tobias Hessel die Druckerei, die schönen Tage der Universität sind vorbei(!), und er leitete sie bis 1852. Tobias Hessel gab am Sonnabend, den 11. Januar 1834, die erste Nummer des *„Boten von Altdorf nach Lauf, Hersbruck und Neumarkt"*, heraus. Ein Blatt von vier Seiten mit einem für unsere Vorstellungen ganz und gar ungewohnten DIN A5-Format. Johann Peter Hessel folgte 1852 seinem Vater und ebenso Carl Hessel ab 1899.

1920 kaufte Johannes Bollmann für seinen Sohn Hanns Bollmann die Buchdruckerei und den Verlag C. Hessel. 1924 zieht man nach Feucht um, und wieder entwickelt sich eine Familientradition - Druckereien sind offenbar familienfreundlich! – der Hessel Verlag wird nun schon in der dritten Generation von Bollmännern geleitet.

Auch im Druckergewerbe und im Zeitungswesen hat sich im Laufe der Zeit unendlich viel geändert, doch ein Problem besteht wie eh und je, wie das *„tägliche Gebet eines Buchdruckers"* aus Johann Heinrich Ernestis *„Woleingerichteter Buchdruckerey"*, Nürnberg 1733, beweist:

„Ach! Behüte mich, liebster Gott! vor lügenhafften, unnützen und unzüchtigen Händeln, dadurch ein Christliches Hertz geärgert und gehindert wird, daß ich solches zu setzen und zu drucken abschlage, und an meinem Ort keinen Anlaß und Gelegenheit zum Bösen gebe."

Der Doppeladler als Druckprivileg des Kaisers
Druckstock aus der Hessel'schen Offizin von 1715

V. Professoren der Altdorfer Universität

Über das Treiben der ordentlichen und mehr noch der unordentlichen Studenten an der ehemaligen Nürnbergischen Universität Altdorf wird gerade in den Festspieljahren sattsam informiert. Und in den Zeiten der Universität haben auch die Herren Studiosi zum Ruhme der Altdorfina nach Kräften beigetragen: Neben Albrecht von Waldstein und Gottfried Wilhelm Leibniz sollte vor allem auf Georg Philipp Harsdörffer, Friedrich von Logau, Johann Pachelbel, Mauritius Hoffmann, Georg Andreas Will, Johann Christop Gatterer, Friedrich Hagedorn und Heinrich Ritter von Lang verwiesen werden.

Der unverlöschliche Glanz und der europäische Ruhm der Altdorfer Hohen Schule rührten aber zum überwiegenden Teil von den Professoren her, die an dieser Universität lehrten und forschten. In der Geschichte der verschiedenen Wissenschaften haben die Namen von vielen Altdorfer Gelehrten noch einen guten Klang, aber heute und in Altdorf sind die meisten nur als Straßennamen oder allenfalls von Grabinschriften bekannt. Ein Blick in die Lebensumstände und die Denkweise vergangener Zeiten weckt nicht nur das Interesse für Unbekanntes und Anderes, es läßt uns auch bewußter und wacher unsere Gegenwart erleben. Im folgenden soll an die bedeutendsten dieser Altdorfer Professoren und an deren herausragende Leistungen und Entdeckungen erinnert werden.

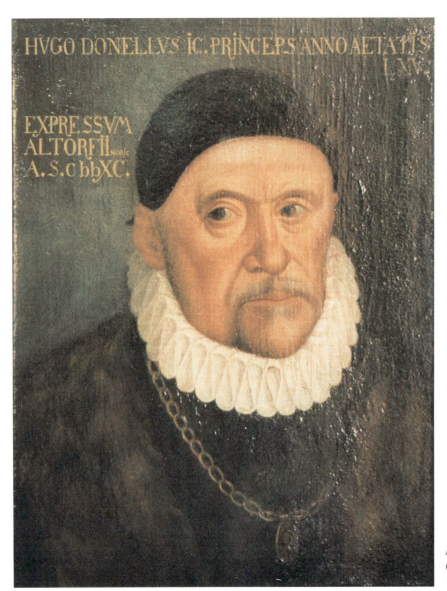

Hugo Donellus
(1527 – 1591)
Fürst der Juristen

HUGO DONELLUS
Der größte Jurist seiner Zeit

Schon zu Lebzeiten wurde Donellus als einer der größten Juristen geachtet und bewundert, und auch noch in unserer Zeit zählt er zu den Großen in der Geschichte der Jurisprudenz. Dieser „Fürst der Rechtsgelehrten", wie er auf seinem Portrait genannt wird, ist in Altdorf im Chor der Laurentiuskirche begraben! Der Nürnberger Rat hat ihm zu Ehren dort ein Bronze-Epitaph anbringen lassen, das selbst ein kleines Kunstwerk ist. Die lateinische Inschrift ist von einem stilisierten Ornament aus Voluten und Blumen umrahmt, einem sogenannten Rollwerk, in das die allegorischen Figuren der Justitia (Gerechtigkeit) und der Pietas (Frömmigkeit), das Haupt der Noris mit Mauerkrone und der Kopf eines geflügelten Genius eingefügt sind. Die Tafel wird abgeschlossen durch die Wappen der Reichsstadt und von Altdorf. Im Giebelfeld der Grabtafel ist außerdem ein Portraitmedaillon angebracht. Die Inschrift lautet:

Epitaph im Chor der Laurentiuskirche

„Hugo Donellus aus Burgund lehrte zunächst in Frankreich das Recht mit großem Geschick wie kein zweiter Rechtsgelehrter in unserem Jahrhundert unter der großen Bewunderung aller und im Wettstreit mit den anderen. Bald jedoch war er gezwungen, im Bürgerkrieg seine Heimat zu verlassen. Er ging nach Heidelberg, dann nach Leiden in Holland und schließlich nach Altdorf. Wegen seiner Frömmigkeit, Lauterkeit und Menschlichkeit war er Gott und den Menschen in gleicher Weise teuer. Vom Alter geschwächt und der Beschwerlichkeit des Lebens überdrüssig, gab er gottgefällig und fromm im Jahre des Heils 1591, im Monat Mai und im 64. Lebensjahr seinem Schöpfer die Seele zurück. Wegen seiner großen Verdienste um die Altdorfer Akademie haben die Scholarchen zum ewigen Gedenken dieses Monument errichtet."

Die Nürnberger Herren waren sich der Bedeutung dieses Mannes wohl bewußt, und es gibt dafür noch viele andere Zeugnisse, doch davon später!

Hugo Doneau oder d'Anneau wurde vor mehr als 470 Jahren am 23. Dezember 1527 in Chalons sur Saône als Sohn eines hohen Staatsbeamten geboren. Seine ältere Schwester machte ihn mit dem Calvinismus vertraut, so daß er bald selbst ein überzeugter Anhänger der reformierten Kirche wurde. Er studierte in Toulouse und in Bourges Jura, promovierte mit 24 Jahren und erhielt sogleich von seinem Gönner L'Hospital, dem späteren Kanzler von Frankreich, eine Professur in Bourges. Dort war die damals berühmteste Juristenschule Europas entstanden, und der junge Donellus reihte sich ganz selbstverständlich unter berühmte ältere Kollegen wie Duarenus, Balduinus und Cujasius ein. So glanzvoll und steil aufstrebend seine wissenschaftliche Karriere verlief, so schmerzlich und beklagenswert war sein persönliches Schicksal. Der Grund dafür war sein calvinistischer Glaube, dem er trotz aller Schicksalsschläge treu blieb.
In der Bartholomäusnacht von 1572, der sogenannten Pariser Bluthochzeit, wurden Tausende von hugenottischen Hochzeitsgästen umgebracht. Die Hugenotten wurden aber auch in der Provinz verfolgt; Donellus floh nach Genf und wurde 1573 von Kurfürst Friedrich III. nach Heidelberg berufen. Dessen Nachfolger, ein überzeugter Lutheraner, war den Reformierten nicht wohl gesonnen, und so verließ Donellus im Jahr 1579 wiederum wegen seines Glaubens Heidelberg und ging an die eben gegründete größte europäische Universität in Leiden.

Ehrenvolle Berufung nach Altdorf

Die ersten Beziehungen zu Altdorf entstanden schon 1582 – Wilhelm von Oranien unterband diese erste Fühlungnahme –, doch 1587 nahm dann Donellus wieder aus konfessionellen Gründen den Ruf an die kleine Altdorfer Akademie an. Der Patrizier Hieronymus Paumgartner, ein ehemaliger Schüler von Donellus, hatte diese Kontakte geknüpft.
Anfang 1587 hatte Donellus seine „*Kommentare zum Codex Justinianus*" dem Nürnberger Rat gewidmet und dafür einen Ehrensold von 60 Gulden erhalten, nun wurde ihm ein Jahresgehalt von 600 fl. zugesagt! (Der Altdorfer Kollege Giphanius hatte die bisher höchste Dotierung von 400 fl. erhalten; in Heidelberg zahlte man Donellus 350 fl.; und

Luther hatte in Wittenberg ein Gehalt von 200 fl.) Als er im Mai 1588 nach Altdorf kam, mietete man für ihn den „Schwarzen Bären", und zwei Jahre später ließ der Nürnberger Rat dem berühmten Mann eine Portraitmedaille prägen mit seinem Wahlspruch auf der Rückseite *„Ob wir leben oder sterben, wir sind des Herren!"* Ein sehr pragmatischer Grund für all diese Ehrungen seitens der Reichstadt muß doch genannt werden: Die Zahl der Neueinschreibungen verdoppelte sich in der Zeit von Donellus Lehrtätigkeit auf jährlich 105. Es hat sich dabei mit Sicherheit überwiegend um Jurastudenten gehandelt. Das Verhältnis von Neueingeschriebenen und Studierenden betrug etwa 1 : 3, so daß in dieser Zeit etwa 300 Studenten in Altdorf waren. Die Kehrseite des Ruhms, der Neid, stellte sich auch bald ein. Professor Giphanius, der zunächst des Donellus' Berufung mit angeregt hatte, sah sich plötzlich in die zweite Reihe zurückversetzt und intrigierte nun gegen seinen großen Kollegen. Es kam unter den Studenten zu Raufereien zwischen Giphanisten und Donellisten, doch schließlich mußte Hubert Giphanius Altdorf verlassen. An seiner Stelle kam der Italiener Scipio Gentilis hierher. Er war der treueste Schüler und Freund seines Meisters, er hat dann auch das Hauptwerk von Donellus nach dessen Tod vollendet und neu aufgelegt.

Das damalige Jurastudium

In der Renaissance wird unter anderem auch das Römische Recht wiederentdeckt und praktiziert. An den Universitäten wurden vor allem die Gesetze, Anordnungen, Edikte, Mandate und Dekrete der römischen Kaiser erläutert, die Institutionen und Konstitutionen und die Pandekten oder Digesten. Alle diese Bestimmungen wurden in der Gesetzessammlung des Corpus iuris civilis zusammengefaßt, die Kaiser Justinian als *„Codex Justinianus"* im Jahre 529 veröffentlichen ließ. An der Altdorfer Akademie hielten die beiden jüngeren Professoren täglich Vorlesungen über die Institutionen und über die Pandekten. Der Senior des vierköpfigen Juristenkollegiums (es gab noch einen außerordentlichen Professor, der über das Lehensrecht las), der Senior erläuterte und erklärte den eigentlichen Codex Justinianus. Donellus war selbst von dieser Pflicht befreit, er las täglich von 9 - 10 Uhr über seine Systematik des Rechts, die dem Schematismus des Codex geradezu widersprach. Er soll aber dennoch den ganzen Codex iuris auswendig gekonnt haben. Gleichwertig neben den Vorlesungen standen die öffentlichen Disputationen, in denen die einen Studenten als Respondenten unter dem Vorsitz eines Professors dessen Thesen in freier Rede und durch zitierte Autoritäten beweisen mußten. Andere wiederum, die sogenannten Opponenten, versuchten, die Thesen zu widerlegen. Diese Disputationen waren eine ideale Gelegenheit, das Recht auf den Einzelfall anzuwenden, die künftige Praxis des Advokaten einzuüben. Daneben wurden die Professoren immer wieder vom Rat der Stadt Nürnberg als Rechtsberater, als iures consultes engagiert. Daraus entwickelt sich die Abkürzung Ictus, die für alle Rechtsgelehrten galt. Nach abgeschlossenem Studium waren dann übrigens die angehenden Juristen den Adeligen fast gleichgestellt und konnten als Verwaltungsjuristen oder als Konsulenten oder Advokaten in reichsstädtische oder landesherrliche Dienste treten.

Das Hauptwerk des Donellus

Schon seine ersten Veröffentlichungen von 1555 und 1558 handelten von privatrechtlichen Angelegenheiten, z.B. von den Zinsen, vom Nießbrauch oder von der Bürgschaft und den Hypotheken. All diese Werke und selbst noch die „*Kommentare zu den Gesetzbüchern Justinians*" von 1587 sind aber nur Vorarbeiten zu seinem Meisterstück und Hauptwerk „*Des Rechtsgelehrten Hugo Donellus Kommentare zum Privatrecht... Frankfurt bei Wechelius, 1589*". Gewidmet ist dieser 1. Band „*den hochangesehenen und edelsten Herren Räten und Senatoren der berühmten Stadt Nürnberg.*" Der 2. Band erscheint 1590; das Manuskript des 3. Bandes wird noch abgeschlossen, wird aber wie auch die Bände 4 und 5 posthum von Gentilis herausgegeben und betreut. Der Titel der zweiten Auflage soll hier noch zitiert werden, damit der Leser eine bessere Vorstellung bekommt von der Leistung, die hinter diesem Werk steckt:

„*Herrn Hugo Donellus, des hervorragendsten und berühmtesten Rechtsgelehrten, Kommentare zum Privatrecht in 28 Büchern, in denen das gesamte Privatrecht in einzigartiger Kunstfertigkeit und Gelehrsamkeit erklärt wird. Der Rechtsgelehrte Scipio Gentilis hat es neu aufgelegt, herausgegeben und die letzten Bücher ergänzt. Frankfurt ... Anno 1626*".

Fünf große Folianten (23 x 35 cm) mit insgesamt 28 Büchern zu je 20 bis 38 Kapiteln mit 1442 Seiten! Jede Seite zweispaltig mit einer relativ kleinen Schrifttype gedruckt, 75 Zeilen je Seite! Allein das enggedruckte, ebenfalls zweispaltige Inhaltsverzeichnis hat zehn Seiten!

Die *„Kommentare zum Privatrecht"* sind zweigeteilt, und sie befassen sich einerseits mit dem Privatrecht selbst und andererseits mit dem Zivilprozeß. Jeder Teil ist wieder unterteilt und aufgegliedert, z.B. unterscheidet der erste Teil *„Rechtssätze, die bestimmen, was unser ist"*, von *„Rechtssätzen, die bestimmen, wie wir zu dem Unsrigen gelangen."* Donellus ist sehr skeptisch, was die innere Ordnung der Institutionen und der Pandekten des Römischen Rechts angeht, er nennt sie eine bloße *„Konfusion"*. Er will das gesamte Recht in ein einheitliches System bringen. *„Der systematische Gedanke durchdringt das Ganze bis in seine einzelnen Teile"* (R.v.Stintzing). Sie sind notwendige Glieder des Ganzen, sie haben einen inneren Zusammenhang. Für Donellus ist das Recht ein lebendiges Ganzes mit einem Netz von logischen Querverbindungen. Er will eine Systematik des Rechts und nicht bloß eine Aneinanderreihung oder einen äußerlichen Schematismus. *„Donellus ... entwirft ... in seinem Werk ein System der subjektiven Rechte, wobei er den innern Zusammenhang der einzelnen Vorschriften und ihre Abhängigkeit von dem übergeordneten Prinzip aufzeigt"* (G. Mummenhoff).

Im Frühjahr 1591 erkrankte Donellus schwer, seine Frau Susanne und sein treuer Freund Gentilis, dem er noch die Fertigstellung der *„Kommentare"* auftrug, betreuten ihn. Am 4. Mai 1591 starb er im 64. Lebensjahr, am 7. Mai wurde er in der Laurentiuskirche bestattet, und zwei Wochen später hielt Gentilis in der Akademie seinem väterlichen Freund die Gedenkrede.

„Und also starb ein Mann, dessen Lebenslauf nicht nur voller Fatalitäten und Abwechslungen von Glück und Unglück war, sondern der auch den Ruhm hatte, daß er die Römischen Alterthümer mit einer reellen Wissenschaft der natürlichen und bürgerlichen Gesetze verknüpfte" (Will).

„Kommentare zum Zivilrecht", 1589

*Johannes Praetorius
(1537 – 1616)*

JOHANNES PRAETORIUS
Mathematiker und Techniker

Im Herbst 1576 wurde Magister Johannes Praetorius durch den Rat der Reichsstadt Nürnberg an die eben gegründete Hohe Schule, die Schola nobilis, als Professor der Mathematik berufen. Er weilte zu der Zeit am kaiserlichen Hof in Regensburg und reiste am 9. Oktober mit dem Nürnberger Gesandten nach Altdorf ab. Praetorius war in Nürnberg kein Unbekannter; hatte er doch schon von 1562 bis 1569 in der Noris gelebt und gearbeitet! Doch fangen wir mit dem Anfang an!

Praetorius wurde vor über 460 Jahren anno 1537, ein genaueres Datum ist nicht bekannt, in Joachimsthal geboren. Joachimsthal im Erzgebirge war erst 1516 als Bergwerksstadt für den Silberabbau gegründet worden. Der Nürnberger Patrizier und Bankier Nützel unterstützte diese Gründung, und der Altdorfer Nikolaus Herman wurde dort 1518 Kantor an der Lateinschule. Er hat mit Sicherheit auch den jungen Praetorius unterrichtet, zumal dessen Onkel Johannes Matthesius, der erste große Luther-Biograph, Rektor dieser Lateinschule und ein enger Freund von Herman war.

Praetorius studierte in Wittenberg Philosophie und Mathematik, erwarb den Magistertitel und ging 1562 *„nach Nürnberg und zeigte hier einen großen Kunstfleis, indem er 6 Jahre lang allerhand mathematische Instrumente ... verfertigte."* (Will) Die Stadt war das Zentrum für die Herstellung feinmechanischer Geräte, und der junge Mathematiker fand für seine prächtigen und kostbaren astronomischen Meßgeräte einen finanzkräftigen Kundenkreis. Im Germanischen Nationalmuseum können noch sechs dieser prachtvollen Instrumente etwa zur Messung der Winkelhöhe von Gestirnen bewundert werden. Es handelt sich um einen Himmelsglobus, einen Erdglobus, ein Astrolabium, einen Sonnenquadranten, ein Torquetum und eine Würfelsonnenuhr.

Im Jahr 1569 verläßt er dann die Reichsstadt und hält sich am kaiserlichen Hof in Prag und Wien auf. Vermutlich hat ihn der kaiserliche Rat und Gesandte Andreas Dudith, der die Mathematik sehr schätzte, als seinen Lehrer und Berater an den Hof geholt. Dort soll er auch Kaiser Maximilian II. in der Mathematik unterwiesen haben.

1571 erhält er einen Ruf an die Universität Wittenberg, bleibt aber mit Dudith in Verbindung, und wird schließlich, wie schon erwähnt, der erste Mathematiker in Altdorf mit einem Jahresgehalt von 100 Gulden. Sein Kollege, der Jurist Donellus, erhielt 600 fl. und ein Lehrer der Lateinschule 20 fl.. Trotz einiger ehrenvoller Berufungen blieb er hier an der aufblühenden, aber kleinen Akademie, deren Rektor er viermal war. Das Amt des Dekans der philosophischen Fakultät bekleidete er ebenfalls viermal. *„Nachdem er fast 40 Jahre der Akademie mit unbeschreiblichem Fleise und seltnem Ruhme gedienet, ist er endlich den 27. Oct. 1616 im 79ten Jahre seines Alters von der Welt abgefordert worden."* (Will)

Der Meßkünstler Praetorius

Die Mathematik gehörte im Humanismus, im Rationalismus und noch in der Zeit der Aufklärung zur philosophischen Fakultät, die als eine Art Grundstudium auch Artistenfakultät genannt wurde, denn jeder Student mußte vor dem Fachstudium die sieben freien Künste, die septem artes liberales, absolvieren: nämlich Grammatik, Rhetorik, Dialektik und Arithmetik, Geometrie, Astronomie und Musik.

Als größte Fakultät hatte sie auch die meisten Lehrstühle, in Altdorf sieben. Zum überwiegenden Teil wurde die Mathematik als angewandte Wissenschaft betrieben: So dienten die Astronomie als Grundlage für das Kalenderwesen und die Geometrie für das Vermessungswesen. Praetorius war z.B. ausdrücklich mit der Aufgabe betraut worden, Kalender zu machen und die auf das Jahr Christi 1578, 1579 und 1580 sind auch erhalten. 1578 veröffentlichte er in Nürnberg eine kleine Schrift *„Über Kometen, die früher zu sehen waren, und über den, der neuerdings im November erschien ... von Johannes Praetorius aus Joachimsthal, Astronom der Reichsstadt Nürnberg und Professor der Mathematik an der Altdorfer Schule"*. Auch auf diesem Gebiet zählte Praetorius zu den Großen seiner Zeit, *„auch Kepler gestehet, von ihm profitiret zu haben."* (Will)

„Von Kometen ...", Nürnberg 1578

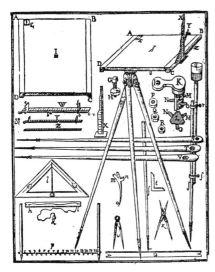

Plan des Meßtisches

Weitaus größer sind seine Verdienste auf dem Gebiet der Geodäsie, dem Vermessungswesen. Er hat nämlich das geometrische Tischlein, die sogenannte mensula praetoriana, erfunden. Im Druck erschien dieses Werk erst 1618, zwei Jahre nach seinem Tod, herausgegeben von seinem Nachfolger Daniel Schwenter:
„Mensula Praetoriana. Beschreibung deß Nützlichen Geometrischen Tischleins / von dem fürtrefflichen und weitberühmten Mathematico M. Johanne Praetorio S. erfunden ..."

Mit dem Meßtisch konnten erstmals an Ort und Stelle, also in der Landschaft, maßstabsgetreue Landkarten gezeichnet werden. Nicht von ungefähr war zu dieser Zeit Nürnberg eines der Zentren der Kartographie. Neben der hölzernen Zeichenplatte war vor allem die sogenannte Regul oder Regel (vgl. Die Buchstaben X,Y,W,Z) wichtig, mit der man Punkte in der Landschaft anvisieren konnte und die Strecken, Entfernungen und Höhen im verkleinerten Maßstab auf ein Blatt eintragen konnten. Die Handwerksmeister Karl Schramm und Georg März haben diesen Meßtisch nach den genauen Anweisungen von Praetorius rekonstruiert.

Stadtfuhre und Wasserleitung

Mit Hilfe des Meßtisches hat dann Praetorius auch die neue Straßentrasse von Altdorf nach Nürnberg über Birnthon und Fischbach entworfen, die mit knapp zwei Meilen um die Hälfte kürzer war als die frühere Verbindung über Lauf. Diese sogenannte „Stadtfuhre" verläuft zum Teil schnurgerade durch den Wald und parallel zur jetzigen Fischbacher Straße.

Mit einem Nivellierinstrument, einer Art Wasserwaage, löste Praetorius ein anderes Problem der Hohen Schule und auch der Stadt: Bis dahin gab es in Altdorf nur Grundwasser-Brunnen, die nicht immer hygienisch einwandfrei waren. Daran wäre übrigens bei-

Teile der hölzernen Wasserleitung

nahe die Errichtung der Schule gescheitert. Diese Wasserwaage *„braucht man bey Wasserleitungen, und hat Praetorius mit derselben eine gar glückliche Probe gemacht, indem er ein lebendiges Wasser aus einem von Altdorf noch ziemlich entferntem Orte, Bühlheim genannt, durch Röhren hineingeführt hat, welche Wohltat Altdorf um so viel mehr erkennen und ewig schätzen soll, je größer öffters der Wasser-Mangel in Altdorf zu seyn pfleget."* (Will)
Beim Bau der Amberger Autobahn hat man solche Holzröhren ausgegraben und einige Stücke dem Stadtarchiv überlassen. Die Verbindungsstelle zweier Baumstämme hat man durch einen Eisenring abgedichtet. (Der Ring um das Bohrloch stammt von einem solchen Eisen!).
Zurecht hat man diese Leistung an der ersten Altdorfer Zapfstelle mit einem großartigen Kunstwerk gekrönt, mit dem Athenebrunnen von Georg Labenwolf im Universitätshof!

In einer der wenigen zu Lebzeiten veröffentlichten Schriften erweist er sich auch als reiner Mathematiker. Er löst 1598 als erster abendländischer Mathematiker das Problem des Sehnenvierecks im Kreis, das schon im 7. Jahrhundert der Inder Brahmagupta aufgeworfen und geklärt hatte: In einem Kreisviereck verhalten sich die Diagonalen wie die Summen der Produkte der Seitenpaare.

Der Geschichtsschreiber der Nürnbergischen Universität Altdorf Georg Andreas Will zieht folgende Bilanz dieses großen Gelehrtendaseins: *„Seine große und in allen Teilen der Mathematik bewanderte Gelehrsamkeit lässet sich aus dem gar wenigen, was von ihm gedruckt ist, nicht erkennen, und wir müssen deswegen auch seine Manuskripte anführen. Die meisten derselben besaß sein würdiger ... Nachfolger im Amte, Daniel Schwenter, der sie ... der Altdorfischen Bibliothek zum Geschenke gegeben hat, woselbst sie in 34 Bänden aufbewahret werden."*
Und lakonisch, aber zutreffend urteilt er über Johannes Praetorius: *„Er war ein Orakel seiner Zeit!"*

Daniel Schwenter
(1585 – 1636)

DANIEL SCHWENTER
Von mathematisch-philosophischen Erquickstunden

Daniel Schwenters Hauptwerk beginnt im Titel mit dem lateinischen Wort *„deliciae"*, zu deutsch Freude, Vergnügung, Liebhaberei etc., und die Freude an seiner mathematischen Wissenschaft und die Freude am Leben charakterisieren diesen Mann und ziehen sich wie ein roter Faden durch seine Biographie. Will bemerkt dazu: *„... durch seinen besonders aufgeweckten, scherzhafften und lustigen Kopf ist Schwenter überall berühmt worden und angenehm gewesen."* Merkwürdig düster und jäh wie ein Unwetter zieht dann das Ende dieses geglückten Lebens herauf - doch davon später!

Daniel Schwenter wurde am 31. Januar 1585 in Nürnberg geboren. Sein Vater war Mitglied des größeren Rats der Stadt, Hauptmann der Bürgerwehr und konnte es sich leisten, seinen Sohn in die Gelehrtenschule der pfälzischen Residenz Sulzbach zu schicken. Dort lernte dieser Latein, Griechisch und Hebräisch, das er neben dem Chaldäischen und Syrischen bei dem Nürnberger Orientalisten Elias Hutter vervollkommnete. Seit 1602 studiert er in Altdorf Mathematik bei Johannes Praetorius.
Schwenter schreibt: *„... deßhalben den fürtrefflichen und berühmbten Mann M. Joh. Praetorium seeligen zum Praeceptori (Lehrer) gebrauchet, der mir dann so trewlich fortgeholffen..."*. Mit 23 Jahren, im Februar 1608, wird Daniel Schwenter an der Altdorfer Akademie Professor der Heiligen Sprache, d.h. des Hebräischen. *„Es war alles frühzeitig bey ihm,"* kommentiert Will diese Blitzkarriere. 1625 erhält er die Professur für alle orientalischen Sprachen und erst 1628 den Lehrstuhl für Mathematik, obwohl er schon lange der engste Schüler und Vertraute von Praetorius war. Es sieht so aus, als wären das Hebräische und die Mathematik zwei völlig unvereinbare Forschungsbereiche; aber das täuscht! Für Schwenter und seine Zeit bestanden sehr wohl beachtliche Zusammenhänge und Gemeinsamkeiten, wenn er sich auch persönlich mehr für die Rechenkunst entschied und für die Geheimnisse der Natur interessierte. Die meisten seiner Schriften sind diesem Gebiet gewidmet, die meisten seiner Freunde sind Naturforscher, so zum Beispiel der dänische Gesandte Fuchs oder der schwedische Gesandte Claudius Hastver, der mit Hilfe Schwenters Neumarkt befestigen sollte.

Auch die Ehrungen blieben nicht aus: Er erhielt einen Ruf nach Wittenberg und nach Würzburg, lehnte aber beide ab, er war viermal Dekan der philosophischen Fakultät und einmal Rektor. Bestürzend ist Schwenters früher Tod: *„Im Jahre 1636, den 19. Januar brachte seine Eheliebste 2 Kinder, eines lebendig, das andere tod zur Welt und starb selbigen Tages an der Geburt. Er selbst war schon krank, betrübte sich über den Tod seines Weibes und folgte ihr in einer Stunde nach, und wurde also den 25. Jan. mit Weib und Kind selb dritt begraben."* (Will)

Die Heilige Sprache, die Geheimsprache als Schlüssel der Natur

Im Jahr seiner Berufung nach Altdorf erschien 1608 auch Schwenters Erstling, eine *„Rede über den heiligen und großen Namen, das Tetragramm Jehova."* Ihr folgen vor allem in den zwanziger Jahren Abhandlungen über den Talmud, über die Aussprache der hebräischen Konsonanten, eine Handreichung über die Hl. Sprache und arabische, hebräische, chaldäische und syrische Verse. Der Rat der Stadt Nürnberg hat Schwenter dadurch geehrt, daß er ihn zum Poeta laureatus, zum lorbeergekrönten Dichter der hebräischen, chaldäischen und syrischen Sprachen ernennen ließ.

Wieso beschäftigt sich dieser hochspezialisierte Philologe und Sprachwissenschaftler zusätzlich auch noch mit der Mathematik und der Natur? Er war nicht nur eine der typischen Doppelbegabungen, er suchte wie viele in seiner Zeit nach der Geheimsprache, die die Geheimnisse der Natur entschlüsseln sollte. Diese magische Ursprache hat Adam gesprochen, sie heißt deshalb auch lingua adamica, mit ihr hat er im Garten Eden alle Dinge und Lebewesen bezeichnet. Und zu Schwenters Zeiten war man fest überzeugt, daß der erste Mensch hebräisch gesprochen hat. Schon 1610 veröffentliche Schwenter unter einem Pseudonym seine *„Steganologia und Steganographia Nova. Geheime Magische ... Schreibkunst ... etwas verborgenes und geheimes zu eroeffnen ..."*. Hier wird versucht, über Geheimsprachen die Geheimnisse der Sprachen und die Geheimnisse der Natur, die Magiae naturales, zu entziffern. Schwenters größter Förderer Herzog August von Braunschweig hat ebenfalls ein Werk über Geheimschrift, die Steganographie oder Kryptographie veröffentlicht. Ihm sind auch die *„Erquickstunden"* gewidmet.

In dieser Hinsicht ist auch die Nachwirkung Schwenters auf den großen Pädagogen Amos Comenius und den größten barocken Romancier Grimmelshausen besonders auffällig. Der letztere hat sogar 1670 im Nürnberger Felßecker-Verlag ein *„zauberisches*

Gauckeltaschen-Buch" drucken lassen. Auf ein sehr hohes logisch-philosophisches Niveau wird die Idee der Geheim- und Universal-Sprache durch Gottfried Wilhelm Leibniz gehoben. Er veröffentlicht 1666 noch in Leipzig eine *„Dissertatio de Arte combinatoria"*, eine Kunst der Kombinatorik, und im selben Jahr seine Altdorfer Doktorarbeit *„Über verworrene Rechtsfälle"*. Und in beiden Werken bezieht er sich wiederholt und ausführlich auf Schwenters *„Erquickstunden"* und deren Kombinations- und Erfindungs-Kunst. Mit Hilfe der logischen Kombinatorik, mit Hilfe einer mathematischen Universalsprache, heute würde man sagen mit Hilfe eines Logik-Kalküls, sollen Daten neu kombiniert werden und so eine *„Finde-Kunst"* geschaffen werden, d.h. die Kunst, etwas zu erfinden.

Schwenter fragt sich zum Beispiel, *„wie viel tausend unterschiedliche Wort (man könne sie lesen oder nicht) aus 23 Buchstaben deß Alphabeths können formirt werden?"* Im 2. Band der Erquickstunden wird ein *„Fünffacher Denckring der Teutschen Sprache"* vorgestellt, wo man mit fünf übereinander liegenden, drehbaren Buchstaben-Scheiben Wörter bilden kann, egal ob sie sinnvoll oder sinnlos sind.

Das Meß-Tischlein und die Erquickstunden

Am Beginn der Neuzeit waren die objektive Naturbetrachtung und die Spekulation über die Natur bzw. die Naturphilosophie noch keineswegs getrennt. Auch Schwenter gibt den spekulativen Verlockungen seiner Themen gerne nach, wenn er sich auch oft an biblische Vorstellungen und Bilder anlehnt und z.B. 100 Jahre nach Kopernikus das geozentrische Weltbild der Bibel verteidigt.

Doch vor allem in seiner ersten geometrischen Abhandlung von 1618, der *„Mensula Praetoriana"*, die er aus dem Nachlaß seines Lehrers Praetorius herausgegeben und ergänzt hat, ist er ausgesprochen konkret und pragmatisch. Der genauere, aber nicht vollständige Titel lautet:

„Beschreibung deß Nützlichen Geometrischen Tischleins, von dem fürtrefflichen und weitberühmten Mathematico M. Johanne Praetorio S. erfunden, durch welches mit sonderbarem vortheil gantz behend und leichtlich allerley weite, breite, höhe, tieffe, wie auch allerley flechenInnhalt abgemessen, in grund gelegt und andere nützliche sachen erkundigt werden können..."

Nachdem vorab die Herstellung des Meßtisches selbst und der verschiedenen Visiergeräte beschrieben wird, werden anschließend in vier Büchern bzw. 36 Aufgabenstellungen Probleme der maßstabgetreuen Längen- und Höhenmessung erläutert, sowie die genaue Bestimmung eines Punktes in der Landschaft und die Erstellung eines Grundrisses bzw. einer Landkarte dieser Landschaft. Auf 104 Seiten und mit Hilfe vieler Rechnungen und Zeichnungen wird in deutscher Sprache die Kunst der Landvermessung und der Kartographie dargelegt. In deutscher Sprache deshalb, daß nicht nur Studierte und Akademiker, sondern auch Praktiker, Handwerker und *„der hochnützlichen Geometriae practicae Liebhaber"* dies lernen können. Ein Ergebnis dieser Meß-Kunst ist ein Grundriß von Altdorf mit Vorwerken und genauen Maßen und mit der handschriftlichen Notiz: *„Altdorff. Durch anleitung und in bey sein H. M. Daniel Schwenters P.P. Altdorfini gemeßen Fortificirt und in grund gelegt. Ao 1631."*

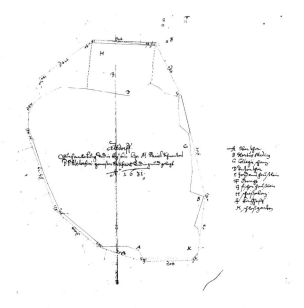

Schwenters Grundriß von Altdorf, 1631

Noch wesentlich umfassender, auf nahezu alle Gebiete der Mathematik, der Physik und der Chemie bezogen, sind dann die 663 *„Kunststücklein, Auffgaben und Fragen"* der *„Deliciae Physico-Mathematicae oder Mathematische und Philosophische Erquickstunden..."*, die 1636 kurz nach dem traurigen Ende Schwenters erschienen. Die Ausdrucksweise könnte zu dem Fehlschluß verleiten, es handle sich dabei um Kinderkram. Im Vorwort entkräftet er diesen Vorwurf, *„daß ich mit dergleichen Kinderwerck umgegangen"*, folgendermaßen: *„Viel Dinge practicirn die Kinder und gemeinen Leute / derer Demonstration so subtil und künstlich / daß auch die gelehrtesten Philosophi selbige zu finden sich auf das äußerste bemühen müssen."* Auch hier legt Schwenter größten Wert darauf, die Kluft zwischen Theorie und Praxis zu überwinden; und deshalb schreibt er auch dieses Werk in deutscher Sprache! Auch für den Verlag war das Buch ein voller Erfolg: Der erste Band mit immerhin 574 Seiten wurde insgesamt viermal aufgelegt: 1636, 1651, 1677 und als Faksimile 1991. Vor allem hat aber der Nürnberger Patrizier, Pegnitzschäfer, Literaturpapst und Großschriftsteller Georg Philipp Harsdörffer, der von 1623 bis 1626 in Altdorf Jura studierte, sich des Werkes angenommen und es 1651 und 1677 um zwei dicke Bände erweitert. Auch sie wurden jeweils dreimal neu aufgelegt! Jeder der drei Bände ist in 16 Teile gegliedert in Anlehnung an die sieben freien Künste oder Wissenschaften des philosophischen Grundstudiums, und es werden Probleme oder „Kunststücklein" aus der Arithmetik, der Geometrie, der Stereometrie, der Musik oder Akustik, der Astronomie, der Optik, der Mechanik, der Statik, der Pneumatik und Hydraulik, der Dynamik und der Geheimschrift (!), der Chemie usw. usw. behandelt. Der logische und systematische Zusammenhang dieser Teile ist

Mathematische und Philosophische Erquickstunden, Nürnberg 1636

nicht sehr zwingend, es dominiert die Kuriosität, das Erstaunliche, das im Bereich der Naturwissenschaften die Menschen dieser Zeit fasziniert. Harsdörffer hat übrigens den Grundzug des Sammelns und der Kompilation in den beiden Fortsetzungen eher noch verstärkt, und sein bekanntestes eigenes Werk, die siebenbändigen *„Frauenzimmer-Gesprächspiele"* (1641 - 1648) verfahren ja genauso. Ein solches Kompendium hat natürlich Vorbilder und sehr viele Gewährsleute. Schwenter selbst nennt über 360 Namen. Die wichtigste Anregung ist für ihn die *„Récréation mathématique"* von Jean Levrechon (1624); dieses Buch nennt allerdings nur 150 Aufgaben. Schwenter ist also weit über seinen Vorläufer hinausgegangen. Einige Ideen und „Kunststücklein", die immer ein wenig an den berühmten Nürnberger Tand erinnern, sollen doch genannt werden:

„*Ein Instrument zu machen, dadurch man weit hören kan, wie durch deß Galilei Instrument weit sehen.*"

„*Die XVI. Auffgab des 12. Theils der Erquickstunden: Wie ein Lufft- oder Schwimmgürtel zuzurichten ... Wie die Windhosen zu machen, damit man über die See oder andere stillstehende Wasser gehen könne.*"

„*Die XXIV. Auffgab. Einen einfachen fliegenden Drachen von Papier zu machen.*"

„*Die III. Auffgab des 14. Theils ... Ein schön Secret, eine Feder zuzurichten, welche Dinten hält (also eine Füllfeder!) und so viel lässet als man bedürftig.*"

Die Kettenbrüche werden erwähnt, das Luftgewehr, ein „*Denk-Ring*", mit dem man aus Silben und Buchstaben Wörter bilden kann, und Drehscheiben, Walzen und Würfel, die als Mittel der Kombinationskunst verwendet werden. Der Herausgeber des Faksimiles von 1991 Jörg Jochen Berus resümiert: „*Das Erquickstunden-Werk ist ein Tresor, eine Schatz- und Wunderkammer, die mit vielen Schlüsseln zu öffnen und trotzdem nicht leerzuplündern ist.*"

Schwimmgürtel aus ...   *und Füllfeder aus den „Erquickstunden"*

Peter Squentz

1658 erschien die *„Absurda comica oder Herr Peter Squentz, Schimpff-Spiel"* des größten barocken Dramatikers Andreas Gryphius. Es handelt sich um eine der frühen deutschsprachigen Komödien, die aus Shakespeares *„Sommernachtstraum"* das Rüpel- und Laienspiel der thebanischen Handwerker verselbständigt.

Im Vorwort macht Gryphius folgende Andeutung, die seitdem die Literaturwissenschaft nicht mehr ruhen ließ:

„Der nunmehr in Deutschland nicht unbekandte und seiner meynung nach hochberühmte herr Peter Squentz wird dir hiermit übergeben... Damit er aber nicht länger fremden seinen ursprung zu dancken habe, so wisse, daß der um gantz Deutschland wohlverdienete und in allerhand sprachen und mathematischen wissenschafften ausgeübete mann, Daniel Schwenter, selbigen zum ersten zu Altdorff auf den schauplatz geführet..."

Eine rätselhafte Bemerkung, die zum Liebhaber der Rätsel, zu Daniel Schwenter gut paßt. Will nennt in seinem Literaturverzeichnis von Schwenters Werken: *„Peter Squenz, kurzweiliges Lustspiel. Andreas Gryphius hat es herausgegeben, es ist aber nicht seine, sondern unseres Schwenters Arbeit... Erst 1750 wurde er hier zu Altdorf in 8° wieder gedruckt und fand ungemeinen Abgang..."*

Heute scheint dieses Buch verschwunden! In einem langen Aufsatz versuchte der Literaturwissenschaftler Fritz Burg, den „Squentz" von Schwenter zu rekonstruieren, aber es blieb beim Versuch! Schwenters *„absurde Komödie"*, seine *„mathematischen Erquick-Stunden"* und zum Teil auch seine Wesensart entziehen sich auf rätselhafte Weise unserem vollen Verständnis und verschwinden im Nebel der Zeiten.

*Abdias Trew
(1597 – 1669)*

ABDIAS TREW
Mathematik als angewandte Wissenschaft

Wissenschaft als reine Theorie und als Grundlagenforschung ist immer die Sache einiger weniger. Und die umfassenden Systeme und Modelle, kurz die „Weltformel", stehen eher am Ende einer Entwicklung als an deren Anfang. Solche abstrakten Entwürfe üben auf den Laien eine merkwürdige Faszination, ja fast Zauber aus, vielleicht auch deshalb, weil sie für ihn so fremd und unverständlich sind. Andererseits muß sich auch jede Wissenschaft nach ihrem praktischen Nutzen fragen lassen, denn jeder Wissenschaftler lebt in einer Gesellschaft und ist auf diese Gesellschaft angewiesen.
Heute scheinen die Gräben zwischen beiden Lagern oft unüberbrückbar, und die heutige Gesellschaft neigt dazu, den raschen Nutzen zu überschätzen. Dabei waren Grundlagenforschung und technische Nutzanwendung schon immer engstens miteinander als angewandte Wissenschaft verbunden. Zum Beispiel stellte Leibniz am Beginn der neueren Wissenschaftsgeschichte seine Akademie der Wissenschaften unter das Motto *„Theoria cum Praxi"*.

Auch das Lebenswerk des Mathematikprofessors Abdias Trew kann man als angewandte Wissenschaft kennzeichnen!
Vor über 400 Jahren, am 29. Juli 1597, wurde Abdias Trew in Ansbach geboren. 1601 wurde der Vater Konrektor am Heilsbronner Gymnasium, 1603 besuchte Abdias die deutsche Schule - unsere Grundschule - und 1607 das dortige Gymnasium. Verhältnismäßig spät zog er dann 1618 auf die Universität in Wittenberg, wo er Philosophie, Mathematik und dann Theologie studierte. Nach der Magisterprüfung 1621 war er zunächst Vikar in Heidenheim und dann Pfarrer in Markterlbach und schließlich 1625 Rektor des Ansbacher Gymnasiums. Die Nöte und Wirren des 30jährigen Krieges bestimmten auch den Lebenslauf von Abdias Trew. *„Nachdeme nun M. Trew 10 Jahr lang der Onoltzbachischen Jugend mit dociren treulich gedienet, fügte es sich, daß ihme zuletzt wegen der damaligen harten Kriegs-Läufften ein und anderes Ungemach allda zustieße ..."*, so schreibt dazu Gabriel Doppelmayr. Georg A. Will wird noch etwas deutlicher: *„Da er aber in den unglücklichen Zeiten des 30jährigen Krieges wegen Zurückbleibung seines Gehaltes nicht mehr bestehen konnte; dankte er 1635 zu Ansbach ab und begab sich*

nach Nürnberg, woselbst er um eine philosophische Profession zu Altdorf ansuchte." Am 30. Januar 1636 wird er an der Altdorfina Professor der Mathematik als Nachfolger des berühmten Daniel Schwenter. Später erhielt er auch noch den Lehrstuhl für Physik und die Aufsicht über alle Nürnberger Stipendien. Nach über 30 Jahren, nachdem er zweimal Rektor und siebenmal Dekan war, starb er am 12. März 1669. Der erste Sohn Christoph aus seiner zweiten Ehe wurde Apotheker in Lauf, und dessen Sohn Christoph Jacob hat den Namen Trew vielleicht noch bekannter gemacht als der Großvater. Er war der bekannteste Nürnberger Arzt, Sammler und Botaniker des 18. Jahrhunderts, er hat der Altdorfer Universität seine umfangreiche und großartige Bibliothek vermacht!

Der erste maßstabsgetreue Stadtplan von Altdorf

Zwei Jahre nach seiner Berufung und gleichsam zum Einstand verehrte Abdias Trew den Honoratioren von Altdorf einen Stadtplan mit dem ungefähren Maßstab 1 : 1950. In einer Kartusche ist folgende Widmung zu lesen:

„Denen Gestrengen, Edlen und Vesten Herrn Georg Pömern, Pflegern zue Altdorff, Herrn Christoff Ditherrn, Capitän der Statt Altdorff, Wie auch Dem Ehrnvesten, Großachtbarn und Rechtsgelärten Herrn M. Georg Göringern, Syndico der Statt Altdorff. Seinen allerseits vielgeehrten Herrn und Patronis offerirt (gibt) auß Schuldigkeit M(agister) A(bdias) T(rew) M(atheseos) P(rofessor) P(ublicus) Anno 1638"

Dieser erste gedruckte Plan von Altdorf - von 1575 ist uns ein Rollbild erhalten - ist in der damals üblichen Perspektive der Vogelschau gezeichnet, einer Mischung aus Grund- und Aufriß und ist im Unterschied zu heutigen Karten nach Süden orientiert. Die Vogelschau hat den Vorteil, daß sie recht genau über Gebäude, Gärten und andere Sehenswürdigkeiten informiert. So war z.B. der Stadtgraben zum großen Teil trocken und nur am Oberen Tor und an der Nordost-Ecke bei der Lederers-Mühle mit Wasser gefüllt. Der Feilturm war bis in die Mitte des 19. Jahrhunderts mit einem Fachwerkgeschoß gekrönt, und die beiden Höfe des Pflegschlosses sind klar erkennbar. Auf eine Besonderheit muß schon hier hingewiesen werden: Auf einem Turm der nördlichen Stadtmauer hat sich Trew mit Erlaubnis der Universitätskuratoren ein *„Observatorium Astronomicum"* eingerichtet. So bezeichnet er es selbst in der Legende seines Planes. Es ist der

Turm bei dem eingezeichneten Kompaß. Diese Karte ist ein schönes Beispiel dafür, wie die Geometrie, das reine Spiel mit Punkten, Geraden und Flächen, nutzbar gemacht wird zur Meßkunst, zur Kunst der Landvermessung. Trews Vorläufer im Amt, Praetorius und Schwenter, haben auf diesem Gebiet noch Entscheidenderes geleistet.

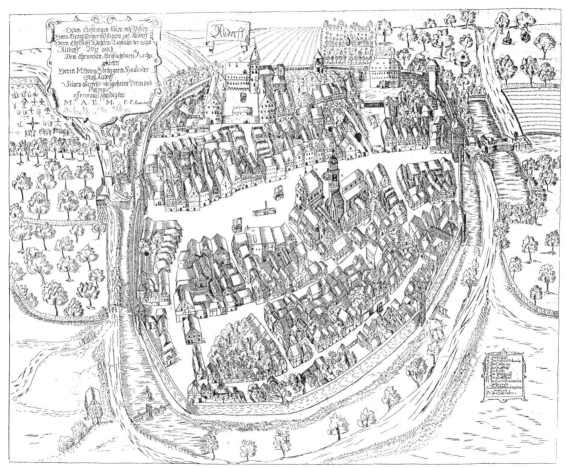

Trews Stadtplan von Altdorf, 1638

Der Ingenieur-Stab

Eine andere Konstruktion oder Erfindung von Trew, der Ingenieur-Stab, gehört ebenfalls zur Kategorie der angewandten Geometrie, der Feldmeßkunst: Im Jahr 1649 erschien ein schmales Bändchen von 73 Seiten mit dem Titel „*Ingenieur-Stab, welcher leichtlich zuzurichten / und mit sich zu tragen. Aber mit sonderbarem Vortheil und Behändigkeit in allen Stücken der Mathematic ... zu gebrauchen: Auffgerissen und fürgestellt durch Abdiam Trew, bey der Universität Altdorff Mathem. Profess.*" Auf dem Frontispiz steht übrigens Pallas Athene, die Schutzherrin der Wissenschaften, zwischen Theoria und Praxis! Es handelt sich um einen achtkantigen Stab mit der Länge von vier Nürnberger Stadtschuh, das sind 1,06 m. Auf den acht Seiten sind verschiedenste Maßeinheiten eingezeichnet. Mit diesem Vorläufer des Rechenschiebers kann man vergrößern und verkleinern, kann man die Quadratzahlen und die Kubikzahlen ermitteln, kann man Probleme der Stereometrie und Trigonometrie lösen. Der Ingenieur-Stab kann als Visiergerät oder Regul verwendet werden, und mit horizontalen und vertikalen Winkel-

„*Ingenieur-Stab*", Nürnberg 1649

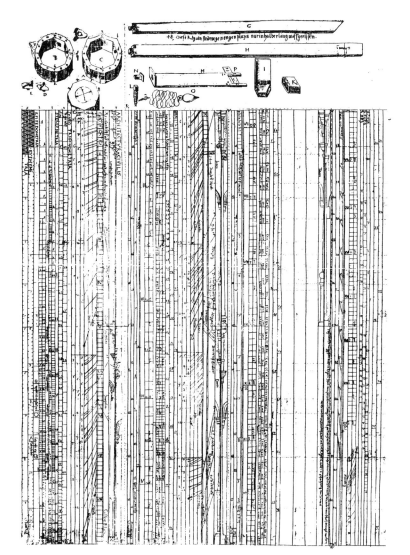

Plan des Ingenieur-Stabs

messungen kann er in der Landvermessung und der Berechnung der Sternenhöhe gebraucht werden. Den Schieber selbst kannte Trew noch nicht, wohl aber eine Art Läufer, den er als Hülse auf den Stab schob und an dem die Regul befestigt war. Auch dieses Instrument gehört in die Reihe des sogenannten *„Nürnberger Tand"*, und die Reichsstadt war ja damals berühmt für ihre vielen und vielseitig verwendbaren feinmechanischen Geräte!

Auch auf dem Gebiet des Festungsbaus bzw. der Fortifikation realisierte und praktizierte er die reine Mathematik. 1641 veröffentlichte er ein *„Compendium Fortifikationis oder kurtzer Mathematischer Unterricht von der Fortification oder Vestung Baw ..."* . Im Vorwort verweist Trew eigens darauf, *„daß bey etlichen Stücken deß Soldaten-Wesens nicht alles daran lige / daß einer selbst Soldat gewesen sein muß / Sondern wann er in denjenigen Sachen / auff welches sich eines oder das andere im Kriegs-Wesen gründet / fundamental ... außgerüst sey ..."*. In 23 Kapiteln erläutert er dann Bollwerke und die Größe ihrer Winkel, Außenwerke und Ravelins, Wälle und Schanzen und spricht sogar von der Berechnung der Baukosten. Dies wird mit 25 Kupferstich-Tafeln, sogenannten Küpfferlein, illustriert.

Trew hat sich in mehreren Schriften und Disputationen auch mit der Musik beschäftigt. Dies mag auf den ersten Blick überraschen, tatsächlich besteht aber zwischen Mathematik und Musik ein sehr enger Zusammenhang. Der Musicus W.C. Printz schreibt dazu:

„Gleichwie Abdias Trew, Phys. und Mathem. P.P. zu Altdorff / mein vor Zeiten hochgeehrtester Herr Praeceptor, unter die gelehrte Leuthe und vortrefflichste Mathematicos, also ist er auch billich unter die berühmteste Musicos theoreticos zu zehlen / dann er ist der erste Erfinder der alleraccuratesten Temperatur ... gewesen."

In den Musikgeschichten wird in diesem Zusammenhang A. Werckmeister (um 1690) genannt. Heute ist der Ausdruck *„accurate Temperatur"* durch Bachs *„Wohltemperiertes Klavier"* bekannt, und mit diesem Begriff sind wir wieder genau an der Schnittstelle zwischen Theorie und Praxis. Die Tonintervalle in der Oktave sind rein rechnerisch bestimmbar, doch schon in der Quinte und in der Quarte muß man *„temperieren"*, d.h. Kompromisse schließen zwischen den rechnerisch komplizierten Saitenlängen-Verhältnissen und unseren harmonisch-konsonanten Hörgewohnheiten.

Die Grundlage für all diese Anwendungen war sein umfangreichstes Werk, das *„Directorium Mathematicum"* von 1657, oder wie der barocke Titel übersetzt lautet: *„Anleitung zur Mathematik oder Hinführung und Unterrichtung in der gesamten Mathematik und all ihrer genannten Teile, der Arithmetik, Geometrie, Astronomie, Geographie, Optik, Harmonielehre und Mechanik in möglichst methodischer Weise zu lehren und möglichst leicht zu lernen. Von Magister Abdias Trew, öffentl. Prof. der Mathematik und Physik, Senior der Philosoph. Fakultät und Nürnberg. Inspektor. Gedruckt von Georg Hagen, Universitäts-Drucker."* Drei Bücher mit insgesamt 234 Seiten und zahlreichen Zeichnungen! Allerdings bemängelt spätert S. Günther vornehm zurückhaltend, daß *„Trew ... durchaus in den Anschauungen seiner Zeit befangen war ..."*.

```
DIRECTORIUM
   MATHEMATICUM
AD CUJUS DUCTUM ET IN-
       FORMATIONEM
        TOTA
    MATHESIS
ET OMNES EJUSDEM PAR-
     TES NOMINATIM
     ARITHMETICA
      GEOMETRIA
      ASTRONOMIA
      GEOGRAPHIA
        OPTICA
      HARMONICA
      MECHANICA
METHODICE DOCERI ET FACI-
      LE DISCI POSSUNT
          AUTHORE
M. ABDIA TREW MATH.
ET PHYS. PROF. PUBL. FAC. PHILOS.
   SENIORE ET INSP. NORICO
Typis GEORGI HAGEN Universf, Typogr.
```

Die Trew'sche Astronomie

Dies gilt vor allem für Trews wichtigstes Forschungsgebiet, für die Astronomie und den dazugehörigen Anwendungsbereich, die Kalendermacherei. 1636, im Jahr seiner Berufung, promoviert er Georg Matthias König, der Trews These *„De Immobilitate Terrae"* verteidigt, zu deutsch *„Von der Unbeweglichkeit der Erde. Gegen Kopernikus und andere heutige große Autoritäten der Astronomie"!* Drei Jahre zuvor, 1633 hatte Galilei vor der Inquisition der kopernikanischen Theorie abschwören müssen! Nürnberg hat es übrigens seinen Professoren freigestellt, ob sie die ptolemäische oder die kopernikanische Theorie lehren. Trew beharrt noch 1660 in seinem Bändchen *„Compendium Compendiorum Astronomiae et Astrologiae. Das ist kurtze und doch klare Verfassung der gantzen Sternenkunst, sowol was deren Lauff alß Wirckung sonderlich in den Menschen betrifft und wie man ihme solches, sowol in der Diät alß in der Cur möge zu nutz machen ..."* auf der ptolemäischen Theorie. Er argumentiert darin folgendermaßen: *„... wenn das waar wäre, daß die Erde täglich inner 24 stunden herumb gieng / welches wann es also ist / auch in*

123

ziemlicher geschwinde / also daß auff ein minuten ... auff die 3 Meilen kommen, welche ein jeder punct auf dem aequatore der Erden lauffen müste / die Wolcken und alles was in der Lufft ist / in gleicher geschwindigkeit mitgehen müsten ..."
Ungefähr trifft er damit ja auch die tatsächliche Geschwindigkeit der Erdrotation, aber diese Zahl ist Trew schlicht unvorstellbar.
Er spricht natürlich in diesem astronomisch-astrologischen Kompendium auch von den Konstellationen der Planeten und deren Wirkung auf den Menschen: *„Denn ich rede hie nicht auß blosser meinung sondern auß eigener erfahrung. Item Jupiter und Venus sind vor andern den Menschen gute / Saturnus und Mars böse Planeten. Mercurius in gelinden aspecten gut / in scharffen böse. Die Sonne und Mond sind allen natürlichen Dingen gut."* Anschließend erklärt er ausführlich die günstigen oder ungünstigen Konstellationen für Arzneien und für Aderlaß. G.A. Will kommentiert dies wie folgt: *„Vornemlich aber hat sich Trew um die Astronomie verdient gemacht, daß er selbige von den abergläubischen Grillen der Astrologen, so viel ihm nöthig dünkte, reinigte (!) und das Kalenderwesen bestmöglich beförderte."*

Das Observatorium

Wesentlich wissenschaftlicher, exakter und unserer Zeit verständlicher ist der beobachtende Astronom Trew. Sehr bald hat er sich auf einem Turm der Stadtmauer eine Sternwarte eingerichtet. Es gibt in diesem Zusammenhang eine gewisse Diskrepanz in der Chronologie: Auf seinem Stadtplan von 1638 ist dieses Observatorium astronomicum wie erwähnt schon eingezeichnet. Eine überlieferte Inschrift in der Sternwarte auf dem sogenannten Trewsturm nennt das Jahr 1657. Wahrscheinlich hat sich Trew zunächst auf eigene Kosten eine Station eingerichtet und dann hat *„die berühmte Nürnbergische Republik, vertreten durch das edelste und erhabenste Triumvirat, das Siebenmänner-Kollegium, die Senatoren, Ephoren und Scholarchen...diesen Tempel der Astronomie ... einzigartig ausgestattet ...",* und zwar versah man nach Will *„diese Sternwarte mit den nöthigsten und besten Instrumenten, die man damals hatte, einem messingenen Quadranten von 4 Schuh (4x26,6 cm) im Durchmesser und darein einverleibten azimuthalischen Cirkel, davon der Diameter 9 Schuh war, wie auch mit einem Sextanten."*

Erst 1711 hat sie dann ausgedient, als Joh.Hch. Müller auf das Dach des Hauptgebäudes der Universität eine neue Sternwarte bauen ließ.

Kometen üben auf die Menschen eine sonderbare Faszination aus; Hale-Bopp vom März des vergangenen Jahres ist dafür ein gutes Beispiel. Abdias Trew hat zwei *„Gründliche Berichte"* über Kometen vom Februar 1661 und vom Dezember/Januar 1664/65 veröffentlicht, wobei letzterer sogar Kaiser Leopold gewidmet wurde. In beiden Berichten beschreibt er, wie er die Nachricht überprüft: *„Worauf ich nicht unterlassen / darauf folgenden 24. (12.1664) dieses, mit Fleiß auf meinem Observatorio nachzusehen. Fand aber den Himmel gantz trüb von Wolcken / daß nichts zu sehen war."* Später aber bestimmt er dann die genaue Bahn des Kometen, beobachtet die sich ändernde Richtung des Kometenschweifes, macht sich Gedanken über die Größe der Entfernung, die Geschwindigkeit und die Materie des Kometen. So weit ist Trew scharfsinniger Bobachter und Rationalist, ein würdiger Repräsentant der beginnenden modernen Wissenschaft. Wenn er sich aber fragt, *„werden die Cometen von den Bösen / gleichwie die neue Sterne von den guten Engeln zuweg gebracht ...?"*, dann steckt Trew noch zutiefst in einer Epoche, in der Wissenschaft nur auf einem religiösen Fundament möglich war. Und wenn man nach dem Zweck oder dem Sinn der Natur oder der Schöpfung fragt, so muß man ja auch heute noch hinter die Physik, zur Metaphysik greifen. Trew formuliert dies etwas altmodischer:

„Gott hat bey der Erschaffung gesagt: Das Gestirn soll Zeichen seyn ... sie sind Zeichen der Zeichen ... sie sind Zeichen und geben Zeichen ... da er vielfältig das Gestirn auf dem Himmel für Zeichen gebraucht hat."

Georg Nößler
(1591 – 1650)

Mauritius Hoffmann
(1621 – 1698)

GEORG NÖSSLER und MAURITIUS HOFFMANN
Zwei Gelehrtenschicksale aus der Zeit des 30jährigen Krieges

Von zwei Medizinern der Altdorfina soll die Rede sein, die beide aus der Mark Brandenburg stammten, miteinander verwandt waren und deren Leben von der Not des 30jährigen Krieges und der langsamen Aufbauphase der Nachkriegszeit geprägt war. So sehr die Kriegswirren auch das Leben eines Gelehrten durcheinanderbringen konnten, so erstaunlich ist es, daß in diesem Elend auch Gegenkräfte wirksam waren, wie z.B. die Tugend der Constantia oder Beständigkeit oder die soziale Tugend der Caritas. Hat man doch diese Zeit auch mit der Devise gekennzeichnet: *„Dasein heißt eine Rolle spielen"*, was natürlich meint, eine Rolle in der Gesellschaft spielen! Ein Beispiel sind die für unsere Ohren langatmigen Widmungen von Büchern an höchste Repräsentanten der Gesellschaft; der Autor bindet sich damit in diese Gesellschaft ein, und er spekuliert damit auch keineswegs nur auf klingenden Lohn! In dieser Hinsicht, was Anerkennung seitens der Gesellschaft, was den Erfolg in der Gesellschaft angeht, ist das barocke Lebensgefühl unserer Zeit gar nicht so fremd.

Georg Nößler

Georg Nößler, am 10. Mai 1591 in Neukölln an der Spree geboren, war ein typischer Vertreter seiner Zeit. Er war natürlich kein Kommilitone und Rivale Wallensteins, wie es das Wallenstein-Festspiel uns suggeriert. Sein Vater war brandenburgischer Hofprediger, und deshalb war der Kurfürst auch Taufpate des Kindes. Mit 14 Jahren wurde er vom Vater in das Gymnasium nach Halle geschickt, mußte aber wegen der Pest Halle verlassen und zog an die Universität Frankfurt/Oder und schließlich 1610 nach Wittenberg, wo er Medizin und Philosophie studierte. Bei einem Besuch in Nürnberg lernte er auch Altdorf kennen. Nach dem Tod der Eltern ging er an die Universität Helmstedt, promovierte dort 1614 und brach zu einer dreijährigen Bildungsreise oder Kavalierstour nach Italien auf. Nößler hat sich vor allem in Padua aufgehalten, damals eine der bekanntesten medizinischen Fakultäten, und hat als Vertreter der deutschen Studenten u.a. den Dogen von Venedig besucht. Im Frühjahr 1617 kam er wieder nach Altdorf und wird ein Jahr später Professor der Medizin und der Philosophie. Im selben Jahr heiratet er nicht etwa Ännchen Schopper, sondern Ursula Unterholzer, die Witwe eines Nürnberger Ratsherrn. Er wird Mitglied des Nürnberger Ärzte-Kollegs, Leibarzt des Pfalzgrafen Johann Friedrich von Hilpoltstein, war sechsmal Dekan der philosophischen und achtmal der medizinischen Fakultät und fünfmal Rektor der Hohen Schule. Am 29. Juni 1623 hat Nößler als Gründungsrektor die Feierlichkeiten der Universitätserhebung aufs Schönste geleitet und der wilden Studentenschaft geraten, durch vornehme Zurückhaltung und durch Bescheidenheit aufzufallen.

Dieser unruhige Lebenslauf strebt im Jahr 1632 einem traurigen Höhepunkt zu: Am 22. Februar läßt der Rector magnificus Georg Nößler um 2.00 Uhr nachts alle Professoren zusammenrufen, weil Ihre *„Hochgräfliche Excellence, Herr General Tilly, mit der ganzen Soldatesca"* von Neumarkt nach Altdorf marschieren wird. Am nächsten Tag, zwischen 3 und 4 Uhr nachmittags kommt der General. Seine Armee, *„viel tausend ... zu Roß und Fuß ... samt 26 Stück Geschütz"*, zieht zum Teil durch die Stadt, zum Teil *„auf die Ziegelhütten, und die umliegenden Dörfer."* Rektor Nößler, die Professoren, der Notar - der Verfasser dieses Berichts - und Studenten haben über zwei Stunden gewartet und begrüßen Tilly vorm Unteren Tor beim Friedhof. Tilly bestätigt seinen Schutzbrief, verschont die Universität und das Städtlein und will eigentlich Nößler wegen seiner offenen Beine konsultieren, doch bleibt dafür keine Zeit.

So glimpflich verläuft das zweite Kriegsdesaster ein knappes halbes Jahr später nicht: Am 8. Juni 1632 wird eine Reisegesellschaft von 13 Personen auf dem Heimweg von Nürnberg nach Altdorf von Kroaten überfallen: Der Student Johann Steinacher wird *„jämmerlich niedergemacht"*, für Rektor Nößler verlangt man 2000 Reichsthaler, für Professor Agricola mit seinen beiden Töchtern 1200, für Magister Göpner und seine Frau 285, für Maria Wernbeck, die Witwe des Stadtschreibers, zunächst 400 und später, als man ihre Vermögensverhältnisse erfährt, 800 Reichsthaler Lösegeld, usw.,usw. Sogar für den Kutscher verlangt man 12 Reichsthaler. Nach langen Verhandlungen kommen alle frei, bis auf Nößler! Er muß für sechs Monate bis zur Schlacht bei Lützen als Arzt bei der baierischen und friedländischen Armee bleiben. Weder Kurfürst Maximilian noch Generalissimus Wallenstein wollen ihn freilassen. Nach der Schlacht kann Nößler mit einem Salär von 500 Gulden und einer Ehrenkette fliehen. Später schreibt der mit dem Dichterlorbeer gekrönte Arzt folgende bittere Verse:

„Lohn und Schmuck für die Gefangenschaft verdanke ich dir, Friedländer, doch zu welchem Preis! Wenn du nicht, Herzog, dein Glück mißbraucht hättest, vielleicht wärst du nicht der Friedländer geworden!"

Nößler hat wohl wie kein anderer die Kriegsnot bis zur bitteren Neige erleiden müssen. Deshalb ist auch die Liste seiner Veröffentlichungen ziemlich kurz. Will bestätigt dies und entgegnet darauf: *„Ob er wol nicht gerne etwas im Druck ausgehen lies, ... war er in Vorlesungen gar vortrefflich zu hören, hatte auch den stärksten Beifall; und war in der Praxi glücklich und weitberühmt."*

Eine philosophische Disputation Nößlers von 1646 sollte doch genannt werden, weil sie das Leben dieses Arztes auf den Punkt genau trifft. Sie heißt *„Vom Glück und Unglücksfall"*. Aber zu guter Letzt durfte dieser vom großen Krieg gezeichnete Mensch noch einen Hauch des *„lieben Friedens"* spüren und ahnen. Georg Nößler starb am 9. Juli 1650 in Altdorf.

Mauritius Hoffmann

Vor 300 Jahren, am 22. April 1698, ist Mauritius Hoffmann gestorben und auf dem Altdorfer Friedhof beigesetzt worden, wo sein großer Grabstein aus rötlichem Marmor als erstes Grabmal in der Grufthalle dem Besucher auffällt:

„Mauritius Hoffmann aus Fürstenwalde in der Mark Brandenburg, Doktor der Medizin und Professor primarius in Altdorf, Rat und Leibarzt des mächtigsten und ehrwürdigsten Kurfürsten von Brandenburg und des Herzogs von Württemberg, Senior des medizinischen Collegiums der Republik Nürnberg, Reformer und Beschützer seiner Wissenschaft, fünfmaliger Rektor der Akademie und 23 mal Dekan, Vorstand und Vollender des Doktorsgartens, Vorstand und Schöpfer der Anatomie und der Altdorfer medizinischen Gesellschaft. Vater von 19 Kindern, wovon ihn 9 überlebten, zwei gleichnamige Söhne wurden Ärzte, der eine an der Universität, der andere in Nürnberg. Schließlich wurde er, satt an Leben und Ehren, ... hier beigesetzt. Möge er in Frieden ruhen und die ruhmreiche Auferstehung erwarten. Geboren am 20. September 1621, gestorben am 22. April 1698."

Diese Inschrift, ausladend und informativ, typisch barock in der großen Geste und dem grandiosen Pathos, ist mit Akanthusblättern gerahmt und mit seinem Wappen verziert, das von zwei Genien gehalten und uns in Altdorf noch öfter begegnen wird. Der Anker und die Sterne im Wappen sind Symbole der Hoffnung. Auch sein Portrait mit wallender Allongeperücke und faltenreichem Talar zeigt im barocken Habitus einen Grandseigneur!

Zurück zum Anfang! Mauritius Hoffmann wurde am 20. September 1621 ebenfalls in der Mark Brandenburg geboren, und seine Mutter Anna Nößler war die Schwester von Georg Nößler. Seine Kindheit und Jugend war am schlimmsten vom 30jährigen Krieg gezeichnet. Will schreibt:

„... bald vertrieb ihn die Pest aus seiner Vatterstadt, bald muste er mit den seinigen wegen des Krieges entfliehen, bald muste er das in Brand gesteckte Gymnasium zu Joachims-Thal, wo er studierte, verlassen, bald wurde er von dem Gymnasio zu Cölln an der Spree durch Theurung- und Pest-Noth vertrieben, bis er endlich nach dem Tod seiner Eltern 1638 nach Altdorf kam, wo ihn seiner Mutter Bruder, Dr. Gg. Nößler an Kindesstatt annahme."

Der Siebzehnjährige erhält eine gediegene medizinisch-botanische Grundausbildung durch Prof. Caspar Hofmann, Prof. Ludwig Jungermann und durch seinen Adoptivvater und wird dann von diesem 1641 für drei Jahre an die Universität nach Padua geschickt, wo er sich vor allem auf die Botanik und Anatomie verlegt. Er sammelt über zweitausend Pflanzen und legt ein sogenanntes *„lebendiges Kräuterbuch"* an.
Vor allem aber entdeckt er beim Sezieren eines Truthahns den pankreatischen Gang, den Ausgang der Bauchspeicheldrüse in den Zwölffingerdarm. Er zeigt diese Entdeckung seinem Gastgeber, dem berühmten Mediziner Joh. Georg Wirsung (1600 - 1643), und dieser kann ihn auch beim Menschen nachweisen. Der Bauchspeicheldrüsengang heißt seitdem ductus virsungi und nicht ductus hoffmanni! Wirsung wird 1643 in Padua ermordet, der junge Hoffmann kann gegen den Gang der Dinge nichts unternehmen, bestimmt aber später in seinem Testament, daß jeder Altdorfer Anatom, der auf den wirklichen Entdecker des Ausgangs der Bauchspeicheldrüse hinweist, einen Goldgulden bekommen soll. Eine späte Ehrenrettung erfährt er durch seinen Sohn Johann

Maur. Hoffmann, der 1706 als Rektor der Altdorfina eine *„Öffentliche medizinische Übung über die Bauchspeicheldrüse"* veranstaltet.

1644 kehrt Mauritius Hoffmann nach Altdorf zurück, um seinem geschwächten Onkel zu helfen. Ein Jahr später wird er Stadtphysikus und schließlich 1648/49 zunächst außerordentlicher, dann ordentlicher Professor der Anatomie und Chirurgie. 1653 erhält er als Nachfolger von Jungermann den Lehrstuhl für Botanik und die Aufsicht über den Doktorsgarten. Wie schon erwähnt, war er 23 mal Dekan der medizinischen Fakultät und fünfmal Rektor.

Sehr große Verdienste hat sich Mauritius Hoffmann um den Ausbau der Altdorfer Universität erworben. 1650 wurde auf seine Anregung hin die Anatomie, das Theatrum anatomicum, eingerichtet. Sie war schon mit fünf schräg übereinander angeordneten Sitzreihen, mit vielen Schautafeln und menschlichen und tierischen Skeletten ausgestattet. Die meisten Skelette wurden von den beiden Hoffmanns präpariert. In Puschners Kupferstich von der Bibliothek ist das Knochengerüst eines Pferdes mit Reiter zu sehen. Es soll ein Kroate gewesen sein, der an der Waldspitze bei Ludersheim von Bauern erschlagen wurde und den Mauritius Hoffmann aus Rache für erlittenes Leid seziert haben soll!

Im Jahr 1669 baut er außerhalb des Schutzes der Stadtmauer an der Fischbacher Straße sein eigenes Haus mit Stallung, Scheune und einem hübschen Gartenpavillon. Auch hier findet man sein Wappen mit einem Sinnspruch: *„Andere bauen für uns, wir für die Nachkommen! Wir geben das Empfangene weiter, wie es unsere Pflicht ist!"*

1682 läßt er hinter den Universitätsgebäuden das chemische Laboratorium errichten mit vielen Öfen und Destillierkolben und sehr dicken Mauern. Und zusätzlich gründet er auch noch eine Medizinische Gesellschaft.

Wohnhaus in der Fischbacher Straße

Aber sein Hauptwerk ist der Ausbau und die Ausgestaltung des Doktorsgartens, wie er sich überhaupt im Laufe der Jahre immer mehr und ausschließlicher mit der Botanik beschäftigt. 1656, also 30 Jahre nach der Gründung des Botanischen Gartens, vervollständigt er diesen durch ein Gewächshaus, ein sogenanntes Hibernaculum, mit zwei Öfen. 1662 veröffentlicht Hoffmann erstmals einen Pflanzenkatalog des Doktorgartens: *„Gärtnerische Freuden an Altdorfer Blütenpflanzen oder Pflanzenkatalog des medizinischen Gartens ..."*. Dieser alphabetisch geordnete Katalog von 64 Seiten wird 1677 ergänzt und neu aufgelegt. Aus diesem Buch stammt auch der erste Plan des *„Medizin. Gartens v. Altdorf"*, signiert mit *„Dr. M. Hoffmann, P(räfekt des) H(ortus) M(edicus)"*: Eine sehr regelmäßige Anlage mit vielen Ornamenten und Einfassungen aus Buchsbaum; in der Kreuzung der Hauptwege ein Pavillon und an der Nordseite das Treibhaus! Schon in diesem Plan werden übrigens Versteinerungen abgebildet, die auch im Text genannt werden. Hoffmann selbst hat sich aus den verschiedensten Ländern und Klimazonen Pflanzen und Samen für seinen Garten kommen lassen, und später wurde jeder Altdorfer Professor verpflichtet, von Reisen besondere Kräuter mitzubringen.

Auch die wildwachsenden Pflanzen des Waldes und der Altdorfer Fluren katalogisierte und veröffentlichte er mehrmals. 1694 gab er als Frucht vieler botanischer Exkursionen mit seinen Studenten zum Moritzberg einen *„Katalog der Pflanzen"* heraus, *„welche bei Ausflügen zum Moritzberg dem Sammler auffallen..."* Hier werden schon die Pflanzen nach Pflanzengesellschaften geordnet, die für einen bestimmten Standort typisch sind.

Mauritius Hoffmann, ein Gelehrter des Barock, geprägt und gezeichnet von seiner Zeit, hat sich um seine Wissenschaft, um seine Universität und um das Altdorfer Land verdient gemacht. *„Er starb nach Art der Altdorfischen Aerzte in einem hohen Alter von 77 Jahren, den 22. April 1698."* (Will)

FLORÆ ALTDORFFINÆ
DELICIÆ HORTENSES,
SIVE
CATALOGVS
PLANTARVM HORTI
MEDICI,
QVIBVS
POST FELICIVM TEMPORVM
REPARATIONEM,
AB
ANNO CHRISTI CIƆ IƆC L.
VSQVE AD ANNVM
CIƆ IƆC LXXVII.
AVCTIOR EST FACTVS.
PRÆFECTO EJVSDEM
MAVRICIO HOFF-
MANNO, MED. D.
SERENISS. ELECT. ET MARCHIONVM
BRANDENB. REIQ: PVBL NORIMBERG.
ARCHIATRO.

ALTDORFFI,
Typis HENRICI MEYERI, Univerſitatis
Typographi.

Pflanzenkatalog von 1677

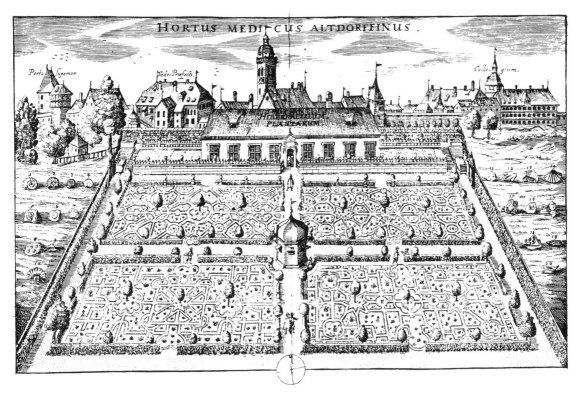

1. Plan des Doktorsgartens von 1677

Johann Christoph Wagenseil
(1633 – 1705)

Gemälde von
Joachim Sandrart

JOHANN CHRISTOPH WAGENSEIL
Der Gelehrte als Grandseigneur

Er war, nach Will, *„ein durch ganz Europa berühmter Polyhistor, grosser Ictus (Rechtsgelehrter) und unvergleichlicher Orientaliste"*, fast ein Universalgenie, zumindest in den Geisteswissenschaften! Dieser Dreiklang: Historiker, Jurist und Hebraist kennzeichnet bis auf die Pädagogik das Leben und Werk Wagenseils. Ganz der barocke Grandseigneur, der stolze Hofmann im Sinne Gracians und der elegante und weitgereiste Mann von Welt ist er auch in seinem Portrait, das Joachim Sandrart 1680 malte: Eine stolze, sehr aufrechte Haltung, große distanziert blickende Augen, ein Schnurrbärtchen, ein leichtes Lächeln in den Mundwinkeln und ein sehr energisches Kinn! Umgeben ist dieses Haupt von der wallenden Löwenmähne einer Allonge-Perücke. Der Mantel mit einem üppigen Pelzkragen fällt in schweren Falten von den Schultern. Ein echter Grande, kein armer Gelehrter, schaut uns da entgegen! Was die Charakterisierung angeht, formuliert der sonst so klarsichtige Will merkwürdig verschwommen und unentschieden:

„Was im übrigen seinen Character betrifft, so hieng ihm von seinen Reisen vornemlich der Spanische Geschmack an, den er auch in Handlungen und der Lebensart auf verschiedene Weise blicken lies. Dabey war er aber doch nicht eitel, oder hochmütig, indem er die ihm angebottene ... kaiserliche Gnaden aus Genügsamkeit ... jederzeit verbetten."

Wagenseils Leben ist tatsächlich von vielen Reisen, von einer gewissen Rastlosigkeit und Weltläufigkeit geprägt. Er wird am 26. November 1633 in Nürnberg geboren. Die Eltern ziehen mit dem Kind von neun Monaten nach Stockholm, wo er aufwächst. Nach der Rückkehr in seine Heimatstadt anno 1646 besucht Wagenseil das Egidien-Gymnasium und immatrikuliert sich drei Jahre später in Altdorf. Er wird nach einer Prüfung in das Alumneum aufgenommen, d.h. er kann dort auf Kosten der Reichsstadt leben und studieren, obwohl sein Vater ein wohlhabender Handelsmann war. 1654 wird er in Österreich Hofmeister beim Grafen von Abensberg und Traun, betreut dessen beide Söhne und zwei andere junge Adelige. Schließlich begleitet er einen davon als Hofmeister an die Universitäten Heidelberg und Straßburg. 1661 begibt er sich wieder mit einem jungen Grafen von Traun auf eine sechsjährige Bildungsreise und Kavalierstour durch halb

Europa. In Italien entdeckt er „Tafeln der Isis" und wird in zwei Gelehrtengesellschaften aufgenommen. In Spanien, wo er einmal als Spion verhaftet wird, kommt er bis nach Gibraltar, ja ins afrikanische Ceuta. In Frankreich ehrt ihn die Universität von Orléans mit der Doktorwürde beider Rechte, und Ludwig XIV. und sein Minister Colbert geben ihm einen Ehrensold, eine *„schöne Pension ..., so ihm dreymal nach einander richtig ausbezahlet worden ist"*, wie Will ausdrücklich vermerkt. Offenbar ist es bei solchen Anlässen meist bei der Ehre geblieben! Außerdem bereist er mit seinem jungen Grafen noch Holland, England und Deutschland.

Als er schließlich 1667 nach Nürnberg zurückkehrt, erhält er sofort einen Ruf der Altdorfer Akademie und wird Professor des öffentlichen Rechts und der Geschichte. Die letztere Professur tauscht er später mit dem Lehrstuhl für Orientalistik. Einen Ruf an die damals größte europäische Universität Leyden lehnt er ab. Der wohlbestallte mehrfache Ordinarius schlüpft dann 1676 nochmals in die Erzieher-Rolle des Hofmeisters, als ihn der Pfalzgraf von Zweibrücken bittet, seine beiden Söhne aufzunehmen und zu unterrichten. Die saure Arbeit des Prinzenerziehers wird ihm mit dem Titel eines Geheimrats versüßt. Weitere Ehrungen bleiben nicht aus: 1668 wird er Mitglied des äußeren Rats der Reichsstadt und 1691 reist Wagenseil nach Wien, wo er *„nicht alleine von den Grossen am Hofe gar gnädig und leutselig empfangen; sondern er kam auch zweymal vor dem Kaiser Leopold zur Audienz. Die Unterredung, die der Kaiser mit ihm gepflogen, findet man in der Zueignungsschrift an allerhöchst gedachten Monarchen, die Wagenseil seiner 'Erziehung eines Prinzen' ... vorsetzte."* (Will), und natürlich hat Wagenseil auch alle Ämter und Würden an der Altdorfer Universität durchlaufen. Natürlich hatte er auch eigene Kinder; und Will schreibt, *„für dieser Kinder Erziehung war seine Sorgfalt fast unbeschreiblich."* Davon wird später noch zu reden sein!

Wagenseils Epitaph an der Friedhofskirche

„Ruhm- und Ehrensatt ist er endlich den 9. Oct. 1705 zu seinen Vättern gesammlet worden." Ein kleines Bronze-Epitaph an der Friedhofskirche, gerahmt von einem schönen Pflanzenornament, erinnert an ihn: *„Joh. Christophori Wagenseilii ... die sterblichen Überreste, die hier liegen, erwarten mit der seligen Gattin den Erretter Jesus Christus am Jüngsten Tag. Er lebte 72 Jahre. Er starb 1705."*

Der Historiker

Die Wissenschaft von der Geschichte ist keineswegs eine Schöpfung der Romantik, wenn sie auch in dieser Epoche besonders gepflegt wurde. Zum Beispiel wurden auch in Altdorf vor allem im 18. Jahrhundert zahlreiche Themen auf den Gebieten der Diplomatik und Quellenforschung, der Genealogie und Heraldik und vor allem der Numismatik bearbeitet. An den Anfang dieser Reihe von namhaften Geschichtsforschern muß man Wagenseil stellen: 1687 veröffentlichte er *„Exercitationes ..., d.h. sechs Übungen zu verschiedenen Themen."* Die *„Fünfte Übung beweist, daß Albrecht, Herzog von Friedland, einst Bürger der Altdorfer Akademie war"*, und zwar belegt er den Fall Wallenstein im Stil solidester Quellenforschung mit dem Matrikeleintrag, mit Auszügen aus den sogenannten Annalen, den Senatsprotokollen, und mit Briefen und widerlegt andere Historiker.

Wagenseils großer Wurf, sein opus maximus, ist die 1697 erschienene *„De...Civitate Noribergensi Commentatio ... Abhandlung über des Heiligen Römischen Reiches Freie Stadt Nürnberg ..."*

„Abhandlung über die ... Freie Reichsstadt Nürnberg", Altdorf 1697

Die erste große Geschichte Nürnbergs von 576 Seiten, mit 15 Kupferstichen, einer Vielzahl von Urkunden, Quellen, Sagen und Liedern, bis hin zu Notenbeispielen. In 28 Kapiteln wird auf 390 Seiten im ersten Buch die Chronik Nürnbergs rekapituliert: Vom Ursprung und vom Namen der Stadt ist die Rede, von der Lage und Vegetation, von der Pegnitz und vom Fischbach, von der Stadterhebung, von den Wappen, vom Hl. Sebald, von den Kirchen und öffentlichen Gebäuden, wie auch der Burg, der Fleischbrücke und dem Zeughaus. Ausführlich werden die Nürnberger republikanische Verfassung, die Privilegien der Stadt, die 26 Familien des Patriziats und die Reichskleinodien, die sogenannten „Heiltümer" beschrieben.

Der Professor für Orientalistik handelt natürlich sehr detailliert über die Vertreibung der Juden und die Zerstörung des Ghettos um den Hauptmarkt und geht genau auf die Geschichte der Altdorfer Hohen Schule und der Nürnberger Schulen ein.

In dieser Chronik werden erstmals eine Vielzahl von Erfindungen genannt, der *„Nürnberger Tand"*, wie z.B. das Radschloß, ein Zündmechanismus an Gewehren. Bei Wagenseil wird schon der *„Christkindleins Marck"* erwähnt, *„... wie man ihn allgemein zu nennen pflegt"*, und die dazugehörige Spezialität, die *„Mellita Crustula, die Lebkuchen / Pfefferkuchen / quae Noribergae pinsuntur ... die von den Nürnbergern gebacken werden."*

Im zweiten Buch der *„Commentatio"* geht es um den *„zweihundertjährigen Streit zwischen den Markgrafen von Brandenburg, den früheren Burggrafen, und der Nürnberger Republik"*. Daran schließt sich mit 31 Gesängen das große Loblied von Eobanus Hessus auf die Stadt Nürnberg an.

Und schließlich fügt Wagenseil eine 140seitige deutsche Geschichte der Meistersinger an: *„Buch von der Meister-Singer Holdseligen Kunst, Anfang, Fortuebung, Nutzbarkeiten und Lehr-Sätzen"*.

Diese erste Literaturgeschichte zum Meister-Sang mit vielen Notenbeispielen von *„Meister-Thönen"* verwendet ja dann Richard Wagner als Quelle für seine *„Meistersinger von Nürnberg"*, z.B. auch für das Zunft-Motiv.

Natürlich kann man an dieses Werk noch nicht den strengen Maßstab der späteren Geschichtsschreibung anlegen, und schon Will moniert Irrtümer und eine bessere Gliederung. *„Inzwischen war dieß Werk doch das erste in seiner Art und zu seiner Zeit, so auch recht viel wahres und schönes hat ..."*

Der Hebraist

Durch den damals berühmtesten Orientalisten Theodor Hackspan wurde schon der Student Wagenseil sehr stark für das Hebräische interessiert und zudem in seiner toleranten Einstellung zum Judentum zeitlebens geprägt. Um Antisemiten für eine vernunftgemäße Auseinandersetzung mit den Juden zu gewinnen, hat Wagenseil manchmal sehr radikal formuliert, was ihm selbst den Ruf eine Antisemiten eintrug; doch dies ist ein Mißverständnis. Er hatte engsten Kontakt zu jüdischen Gelehrten und Rabbinern. Er hat verschiedene Bücher des Talmud kommentiert, und er hat eine der größten Sammlungen seltenster hebräischer Bücher besessen, die von der Altdorfer Universität erworben wurden. Diese 300 Bände der Wagenseil-Bibliothek sind erst vor wenigen Jahren im Bestand der Universitätsbibliothek Erlangen wieder entdeckt und gewürdigt worden.
1705 erschien vor Wagenseils Tod die *„Benachrichtigung wegen einiger die Judenschafft angehenden wichtigen Sachen ..."* unter anderem die *„Widerlegung der Unwahrheit, daß die Juden zu ihrer Bedürfniß Christen-Blut haben müssen"*. Und 1699 verfaßt er eine Einführung ins Jiddische, die *„Belehrung der Jüdisch-Teutschen Red- und Schreibart."*

Der Pädagoge oder vom Nürnberger Trichter

Schon vor seiner Berufung nach Altdorf hat sich Wagenseil, wie schon erwähnt, als Hofmeister und Erzieher seine pädagogischen Sporen verdient. Die anschließende sechsjährige Bildungsreise durch Europa sollte ja in erster Linie der Ausbildung des jungen Grafen Ferdinand Ernst von Traun dienen. Berühmt war Wagenseil auch wegen seiner *„ausnehmend gründlichen und gelehrten"* Vorlesungen. Und was die eigenen Kinder angeht, so war *„für dieser Kinder Erziehung seine Sorgfalt fast unbeschreiblich"* nach Will. Auch für sie schrieb er zum Beispiel 1695 ein sechsbändiges Lehrbuch, eine Art Enzyklopädie über die lateinische Sprache, die Redekunst, die Dichtkunst, die Geographie, die Geschichte, die Philosophie und das Recht: *„Pera librorum juvenilium ... Bücher-Ranzen für die Jugend"*. Übrigens wurde seine *„grundgelehrte Tochter, Frau Helene Sibilla Mollerin"* in die Academia Recuperatorum zu Padua als Mitglied aufgenommen.

Im April 1705 ließ Johann Christoph Wagenseil ein Buch erscheinen, das 14 Jahre zuvor auf Befehl Kaiser Leopolds konzipiert wurde und dessen Titel auch heute noch jeden Lehrer und Erzieher aufmerken läßt: *„Von der Erziehung Eines Jungen Printzen / der vor allen Studiren einen Abscheu hat ..."*

Ist hier der Stein der Weisen oder der bequeme Königsweg des Lernens entdeckt? Im Vorwort berichtet Wagenseil, daß er 1691 zweimal mit Kaiser Leopold in Privataudienz über die Wissenschaften allgemein und über die Gesellschaft der Naturforscher, die „Leopoldina", gesprochen habe.

„Allein scheine es / ward von E. geheiligten Kays. Maj. ferner hinzugesetzt / daß der Adel im Reich / weniger als etwan ehemalen dem Studieren obliege ... Schicke man aber einen jungen Edelmann in eine öffentliche Schule / würde insgemein fast eben so wenig ausgerichtet ... In Erwegung nun dieses alles, redte ich weiter / seyn mir einige Gedancken zu Sinn kommen / wie die Fehler zu verbessern / und auf was Weise es anzugreiffen / damit ein junger Edelmann / auch der für dem Lernen einen Abscheu und Widerwillen hat / ohne Müh mit lauter Lust zu einer ziemlichen Erfahrenheit der Lateinischen / wie auch anderer Sprachen und guten Wissenschaften ... möge gebracht werden ..."

Schließlich erteilt der Kaiser den Auftrag, darüber ein Buch zu schreiben. Aber der geschickte und erfahrene Hofmeister macht es spannend, bis er mit der Lösung herausrückt; er weckt auch noch die Neugierde der kaiserlichen Minister und Räte. Endlich nennt er sein Grundprinzip, das auch heute noch gilt, das auch heute wirksam und fruchtbar ist, nämlich das Interesse des Lernenden!

„Ferners ... erfordere ich von meinem Edelmann oder ... Printzen, daß ... er hergegen doch etwas anders, es sey auch was es immer wolle, sich gefallen lasse, und darauff sein ... Sinn, Gedancken und Verlangen fürnemlich richte ... Ein ieder Mensch hat etwas, das er liebt."

Auf dem Umweg der Freude an und des Interesses für irgendetwas (Wagenseil nennt den Krieg, die Jagd und gutes Essen und Trinken) kann man die Lernunwilligen für jedes Fach und jedes Gebiet gewinnen, und selbst der wildeste Jäger möchte gern wissen, wie sein Gewehr funktioniert usw., usw. Natürlich gibt es weder für Könige noch für Prinzen (und der Begriff meint keineswegs den Hochadel!) einen bequemeren Weg zum Wissen und Lernen. Aber das vorschnelle und oft vorgetäuschte Desinteresse ist auch heute noch der sicherste Weg in die Irre!

Schon 1693 hat er einem befreundeten Theologen Johannes Fechter eine kurze Abhandlung, eine Dissertatio Epistolica, gewidmet mit dem Titel „*De Infundibulo*", zu deutsch „Vom Trichter". Im Text spricht dann Wagenseil vom Nürnberger Trichter (Infundibulum Noribergense) oder noch genauer vom „*Trichter, durch den reiches Wissen und Lehrsätze in die Köpfe der Knaben gegossen werden kann*"! Natürlich wurde der berühmte Nürnberger Trichter schon vor Wagenseil erwähnt, z.B. in einer Flugschrift von 1620 oder in Harsdörffers „*Poetischem Trichter*" von 1650, aber nie in so ernsthafter und bedenkenswerter Weise als bei Johann Christoph Wagenseil. Später scheint dann der Nürnberger Trichter verloren gegangen zu sein!

„Von Erziehung eines Jungen Printzen", Leipzig 1705

Johann Christoph Sturm (1635 – 1703)

JOHANN CHRISTOPH STURM
Der erste Experimentalphysiker

An die kleine, aber in ihrer Blütezeit hochgeachtete Altdorfer Universität wurde im Jahre 1669 *„einer der allerberühmtesten Mathematiker und Professoren"* (Will) Johann Christoph Sturm als Nachfolger von Abdias Treu auf den mathematisch-physikalischen Lehrstuhl berufen.

Johann Christoph Sturm wurde am 3. November 1635 in Hilpoltstein, südlich von Nürnberg, geboren. Er war mit dem berühmten Humanisten und Gründer der Straßburger Akademie Johannes Sturm verwandt. Seine Schulausbildung erhielt er in Weißenburg und bei Daniel Wülfer in Nürnberg. 1656 studierte er bei dem Mathematiker Erhard Weigel in Jena (auch Leibniz war bei Weigel!) und machte dort den Magister, verlegte sich aber immer mehr auf die Theologie. 1660 ging er nach Leyden und kam ein Jahr später über Hamburg, Magdeburg und Leipzig nach Jena zurück. 1662 ist er wieder in Nürnberg, unterrichtet die Söhne Wülfers, und *„weil sich in Nürnberg keine anständige Beförderung für ihn finden wollte, gieng er 1663 zu seinem Vatter nach Oettingen ... und wurde 1664 Oettingischer Pfarrer zu Deiningen ..."* (Will).

Wie schon erwähnt, erhielt er 1669 einen Ruf nach Altdorf, wo er 34 Jahre bis zu seinem Tod am 25. Dezember 1703 blieb. Georg Andreas Will zieht in seinem *„Nürnbergischen Gelehrten-Lexikon"* folgende Bilanz eines großen Gelehrtenlebens:

„Er ist durch seine vortreflichen Schrifften gar bald nicht nur in ganz Deutschland, sondern auch den Ausländern vorzüglich bekannt geworden. Unterschiedliche Chur- und Fürsten haben ihn an dero Höfe und Universitäten verlangt; er hat aber den Ruff allezeit bescheiden abgeschlagen. Die königliche Akademie der Wissenschafften in Engelland hat sein Bildniß öffters begehret, welches er auch endlich überschicket; allwo es noch den Fremden mit Hochachtung gezeiget wird ... Auch war er der allererste in Deutschland, der die Experimental-Physik einführte, ordentlich docirte und schrifftlich darstellte."

In einer Kontroverse Sturms mit dem Kieler Mediziner Schelhammer über den Begriff der Natur schaltete sich Gottfried Wilhelm Leibniz ein, der in erster Linie über philosophische und physikalische Themen, z.B. über den Substanz-Begriff und die Dynamik, mit Sturm korrespondierte. Erstaunlicherweise aber nicht über die Infinitesimalrechnung! Doch davon später! Auch Christian Wolff, der Repräsentant der deutschen Aufklärung, ist nach Will *„durch das Sturmische Lehrgebäude der Physik und Mathematik, sowie überhaupt durch die Sturmischen Schrifften gebildet worden, und hat deswegen allezeit Sturmen gar hoch verehret."* Und Will fährt rühmend fort: *„Grosse und gelehrte Männer haben sich öffters wegen der wichtigsten Fragen und Wahrnehmungen an ihn gewendet."*

So viel zum Lebenslauf eines Gelehrten des 17. Jahrhunderts. Apinus nannte Joh. Christoph Sturm in seinen *„Vitae Professorum philosophiae ... Altorfina"* von 1728, also 25 Jahre nach Sturms Tod, einen *„in ganz Europa überaus berühmten Naturwissenschaftler."* Diese Koryphäe war, und das ist sicherlich eine der Voraussetzungen des Erfolgs, ein geradezu besessener Arbeiter! Will nennt in seinem *„Gelehrten Lexikon"* von 1757 allein 71 Veröffentlichungen, viele davon dickleibige Bände, und 14 ungedruckte Manuskripte! Viele seiner Werke wurden mehrmals aufgelegt und einige in andere Sprachen übersetzt. Ich möchte im folgenden auf dieses Werk eingehen.

Der Philosoph und Mathematiker

Physiker, und erst recht die Physiker aus den Anfängen dieser Wissenschaft, waren immer zugleich auch Naturphilosophen. Im Jahr 1686 gab Sturm eine *„Philosophia Eclectica"* heraus, in der er 13 naturphilosophische *„Exerxitationes"*, das sind Übungen, Seminare oder Disputationen, veröffentlichte, die er von 1670 bis 1680 mit Kollegen und Studenten gehalten hat. Er stellt darin den bisherigen einheitlichen philosophischen Systemen eine eklektizistische Methode gegenüber, die von Problem zu Problem bestimmte Erkenntnisse auswählt und sich an kein bestimmtes Lehrgebäude bindet. Da handelt er z.B. vom Cartesianischen System, vom Einfluß der Sterne, vom Magnetismus, von Erdbeben, von der schwesterlichen Übereinstimmung von Wissenschaft und Natur und von der ungehinderten Kreisbahn von Körpern. Auch in dem Briefwechsel zwischen Sturm und Leibniz von 1694-97 klingt der Unterschied zwischen traditionellen philosophischen Systemen und dem eigenen Standpunkt an, doch geht es vor allem um metaphysische Themen, z.B. um die Existenz Gottes, um den Begriff der Substanz und um das Leib–Seele–Problem. Leibniz schreibt:

„Es wird klar werden, daß das große Problem über die Vereinigung von Seele und Körper und die Beziehung zwischen den Substanzen durch einen nicht weniger deutlichen als unerwarteten Grund gelöst ist und daß zugleich der Wissenschaft und jener höheren Philosophie, die sie Metaphysik nennen, Genüge getan werden kann, die eigene und selbst die schönsten Gesetze und Beweise hat."

Auch seine *„Physicae Modernae Sanioris"* von 1703, d.h. die moderne vernünftigere Physik, ein Oktavband von 700 Seiten, hat eine naturphilosophische Grundlage. Es ist vom Ursprung und der Ursache der Körper oder Dinge die Rede, von der Schwere oder Gravitation, von den Eigenschaften und von den Elementen der Dinge, von der Zusammensetzung, von den Veränderungen, von der Bewegung, vom Licht, vom Weltall, vom Menschen, usw.

Weitaus interessanter, moderner und eigenständiger ist der Mathematiker Sturm. Noch vor seiner Berufung nach Altdorf übersetzte er 1667 die *„Sandrechnung"* des Archimedes:

„Des unvergleichlichen Archimedes Sand-Rechnung / oder tiefsinnige Erfindung einer / mit verwunderlicher Leichtigkeit aussprechlichen Zahl / welche er unfehlbar beweiset größer zu sein als die Anzahl aller Sandkörnlein … von Joh. Christoph Sturm / Phil. M. …"

Der Deininger Pfarrer Sturm widmet diese Schrift mit Bedacht *„denen Wol-Edlen / Gestrengen / Fürsichtigen und Hochweisen / Herren Bürgermeistern und Raht in des Heiligen Römischen Reichs weitberühmten Freyen Stadt Nürnberg …"* Der Lohn dafür stellte sich zwei Jahre später mit der Berufung nach Altdorf ein.

Sturm hat zwar später alle Schriften des Archimedes übersetzt, aber es ist bezeichnend, daß er gerade mit der Sandrechnung beginnt, wo ein für das griechische Denken sehr untypisches Problem angegangen wird, nämlich das Unendliche bzw. die unendlich große Zahl. Archimedes löst sein Problem mit Hilfe der sogenannten „Oktaden", das sind Zahlengruppen, deren erste von 1 bis 10^8 reicht, während die zweite Oktade $10^8 +1$ bis 10^{16} umfaßt usw. Bei einem bestimmten Durchmesser eines Sandkorns und einem bestimmten Volumen der Erde kommt Archimedes auf die Zahl von 10^{63} Sandkörnern, und das liegt weit unter den möglichen Zahlen des Archimedes!

Doch zurück zum Unendlichen oder genauer zum Infinitesimalen! Im Juni-Heft der „Acta Eruditorum" von 1685, ein halbes Jahr nachdem Leibniz seinen ersten Aufsatz zur Differentialrechnung eben dort veröffentlichte, erschien folgende Abhandlung von Sturm: „*Joh. Christophori Sturmii, Professoris Altdorffini, QUADRATURA PARABOLAE, methodo Arithmeticae infinitorum demonstrata*" d.h. Joh. Chr. Sturms, Professor zu Altdorf, Quadratur oder Flächenberechnung der Parabel, demonstriert nach der Methode der Infinitesimalrechnung! Damit ist Sturm neben Leibniz an der vordersten Front der damaligen Mathematik. In dem kurzen Aufsatz wird zwar Archimedes genannt, aber erstaunlicherweise nicht Leibniz, der diese Methode erfand! Und leider haben Leibniz und Sturm über dieses überaus wichtige Thema auch nicht korrespondiert. Sturm verwendet in seiner Methode, im Unterschied zu Leibniz, Ober- und Untersummen, die er immer feiner werden läßt. So kann er dann die durch die Parabelkurve umgrenzte Fläche berechnen.

Solche Spitzenleistungen entstehen nur auf einer sehr breiten Basis, und deshalb möchte ich wenigstens noch einige Titel seiner mathematischen Schriften nennen: 1682 erscheint erstmals das oft neuaufgelegte mathematische Kompendium „*Mathesis compendiaria*", 1689 ersmals die Einführungen „*Mathesis enucleata*" (Kern der Mathematik) und 1699 die „*Mathesis iuvenilis*" (Mathematik für die Jugend).

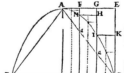

Der Flächeninhalt einer Parabel nach der Infinitesimalrechnung, 1685

Der Experimentalphysiker

Vor allem aber muß in dieser biographischen Skizze von dem Physiker, genauer gesagt von dem Experimentalphysiker Sturm gesprochen werden, und zwar in erster Linie von einem Werk, das 1676 in Nürnberg erschienen ist, das „*COLLEGIUM EXPERIMENTALE, sive CURIOSUM...*" Der Titel heißt zu deutsch:

„Vorlesung über Experimente oder Merkwürdigkeiten, in welchen erstmals in diesem Jahrhundert physikalisch-mathematische Erfindungen und Experimente, ... besonders die Taucherglocke, die Camera obscura, die Torricellische Röhre oder das Barometer, die Luftpumpe, das Thermometer, Hygroskop, Teleskop, Mikroskop und der Aufbau und Wirkung, ...zum Teil aus anderen, früheren Schriften vorgestellt, zum Teil neu angefügt werden von ...Johann Christoph Sturm, Magister d. Philosophie, öffentlicher Professor der Mathematik und Physik an der erlauchten Altdorfina und zur Zeit Rektor der Universität ... Nürnberg ... anno 1676"

Ein solcher Titel, der nur in Auszügen zitiert wurde, ein solcher Titel der Barockzeit ist zwar überaus informativ, aber er erfordert einen langen Atem. Dieses Werk steht genau an der Schaltstelle zwischen der hergebrachten Naturbetrachtung, die in Naturphänomenen seltsame Kuriositäten sieht, und der neueren Physik, die hinter jedem Phänomen eine Gesetzmäßigkeit sucht, die für jeden anderen im Experiment wiederholbar ist. Bezeichnenderweise kommt das Wort „*Experiment*" zweimal im Titel vor und die Begriffe „*spectanda oculis*" (die beobachtenden Augen) sowie „*causas ... naturales*" und „*demonstrationum*" bzw. „*demonstrativa*" je einmal! Die Kuriositäten (der Würzburger Caspar Schott nennt seine kurz zuvor erschienenen Werke noch „*Physica curiosa*" (1662) und „*Technica curiosa*" (1664)) werden, wie es Galilei forderte, mit mathematischen Lettern und in objektiver Weise als überprüfbare und nachvollziehbare Experimente beschrieben, und zwar vor allem aus den Gebieten der Mechanik, der Pneumatik und der Optik. Die meisten Experimente werden zudem durch genaue Kupferstiche illustriert. Im ersten Band des „*Collegium experimentale*", er wird 1701 nochmals aufgelegt, sind es 16 Tentamina oder Versuche und im zweiten Band, 1685 in erster und 1715 in zweiter Auflage erschienen, sind es 15 Versuche. Das letzte Experiment handelt von Otto von Guericke:

„*Versuch XV*
Vesuch zur höchsten, keineswegs unglücklichen Vervollkommnung des Luftgewehrs von Guericke ... Sclopeti pneumatici Guerickiani ... : *Eine bestimmte, schon früher erfundene Art von Luftgewehren sammelt sehr viel Luft und preßt sie sehr stark zusammen. Bei Bedarf wird die Luft plötzlich abgelassen. Bleikugeln, die für diesen Zweck (der Kompression) verwendet wurden, explodierten.*"

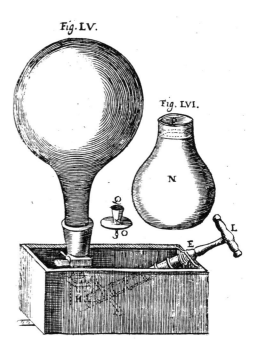

Zuvor schon kommt Sturm auf „*Otto Guerickius Magdeburgensium Consul*" zu sprechen, der in seinem Versuch das Umgekehrte, „*contrario seu inverso modo*", gemacht habe, nämlich in einer hohlen Kugel mit einer Luftpumpe ein Vakuum erzeugt hat. Auf zwölf Seiten erläutert Sturm im 13. Versuch:

„*Die Luftpumpe oder Guericke-Pumpe und deren erstaunliche Wirkungen und Experimente, teils schon vom Erfinder und anderen gemacht, teils von uns erstmals versucht, den neugierigen Augen einer Gesellschaft vorgeführt und dann auf die Naturgesetze zurückgeführt.*"

Besonders interessant zumindest als Gedankenexperiment ist der 10. Versuch, nämlich die *„einzigartige Erfindung des Pater Franziskus Lana"*, das Luftschiff nach dem Prinzip des Auftriebs und der unterschiedlichen Dichte verschiedener Substanzen bzw. Medien:

„Hieraus folget dann klärlich, daß zu Erhaltung des Schiffleins in der Luft nichts anders erfordert werde als hohle Küglein, die so leicht, daß sie in der Luft schweben, wie diese unsere Kugeln über dem Wasser getan, das ist, daß sie so zart und leicht, daß ihre ganze Materie, daraus sie bestehen, leichter sei als diejenige Luft, so ihre inwendige Höhle erfüllen möge. Und weiter folget, wann man die Luft aus solchen zarten Kugeln künstlicherweise ausziehet, daß alsdann diese Kugeln leichter sind als die umgebende Luft. Also bestehet die ganze Kunst dieser Luftsegelung darin, daß man die Luft aus einer Kugel rein ausziehe und daß man aus einer festen Substanz eine oder mehr Kugeln also bereite, die so leicht, daß sie nach abgezogener Luft schweben, wie unsere gläserne Kugeln, darin kein Wasser, auf dem Wasser schwebeten."

Sturm kennt natürlich noch nicht Gase mit verschiedener Dichte, sondern er arbeitet mit dem *„Vakuum"*, also mit Guerickes Grundprinzip. Das Vakuum ist auf jeden Fall leichter als Luft, die Theorie ist schlüssig und unumstößlich, das Problem der Realisierung ist das entsprechend leichte und feste Material der Kugeln, und darauf weist auch schon Sturm hin.

Das waren nur einige Gedanken und Experimente aus diesem großartigen Werk eines großen Gelehrten des 17. Jahrhunderts. Schon allein die Tatsache, daß er physikalische Phänomene mit Hilfe von jederzeit wiederholbaren Experimenten auf Naturgesetze zurückführt, rechtfertigt es, daß man an ihn, einen Begründer der Experimentalphysik, erinnert. Vergessen sind seine Werke und seine Anregungen, vergessen ist sogar sein Grab! Eine Gedenktafel, je ein Straßenname in Hilpoltstein und Altdorf, ein Artikel in der *„Allgemeinen Deutschen Biographie"* – das ist alles, was blieb!
Sic transit gloria mundi!

Gustav Georg Zeltner
(1672 – 1738)

GUSTAV GEORG ZELTNER
Herausgeber und Exeget der Altdorfischen Bibel

Ein Anlaß zur Gründung der Hohen Schule in Altdorf war auch kirchenpolitischer Art. Die Freie Reichsstadt Nürnberg, die sich ja sehr bald der Lehre Martin Luthers anschloß, brauchte für sich selbst und für die Städte und Dörfer ihres Territoriums in der neuen Lehre ausgebildete Pfarrer. Nürnberg war von Anfang an mitbestimmend in der evangelischen Sache, war führend in der evangelischen Partei, der Union, und hatte mit der Hohen Schule in Altdorf einen idealen Multiplikator der Reformation geschaffen. Denn es kamen natürlich auch Theologiestudenten aus anderen Reichsstädten und Ländern, und insgesamt wurden in der Laurentiuskirche über 1100 Geistliche ordiniert.

Wie wichtig den Nürnbergern die Theologische Fakultät war, zeigt sich auch daran, daß sie von Anfang an mit drei Lehrstühlen ausgestattet und daß ihre Professoren immer zugleich Pastoren und Diakone an der Altdorfer Kirche waren. Dennoch lag auf dieser Fakultät über 70 Jahre ein Schatten: Sie hatte kein Promotionsrecht! Erst durch das Privileg Kaiser Leopolds I. vom 10. Dezember 1696 kam es zur *„dritten und vollkommensten Keyserl. Begnadigung der Universität".*

Die ersten Doktoranden waren ein Jahr später der Kirchenrat und Superintendent Christoph Pertsch aus Wunsiedel und die beiden Altdorfer Professoren Christoph Wegleiter und Johann Michael Lang. Bis 1800 haben nach Will nur 39 Theologen promoviert, was auch an den relativ hohen Kosten von 200 bis 300 Gulden lag, dem ungefähren Jahresgehalt eines Professors der Theologie.

Die meisten angehenden Pfarrer zogen es deshalb vor, den weniger kostspieligen Magister der Philosophie bzw. den Doktor der Weltweisheit zu machen.

Auch Gustav Georg Zeltner promovierte erst 1707 *„Über neue deutsche Bibel Ausgaben, die nicht einen großen Leserkreis fürchten"*, nachdem er ein Jahr zuvor Professor der *„Gottesgelahrtheit und morgenländischen Sprachen"* in Altdorf geworden war. Zeltner, *„einer der berühmtesten Theologen, vornehmsten Ausleger der heil. Schrifft und stärksten Philologen"*, nach Will, *„ist in dem Nürnbergischen Hiltpoltstein den 16. September 1672 glücklich zur Welt gekommen."* Nach der Schulausbildung in Gräfenberg und Nürnberg studierte er seit 1689 an der Universität Jena Philosophie, Kirchengeschichte, Theologie und vor allem das Hebräische. Nach der Magisterprüfung wurde er dann von 1695 bis 1698 Inspector, d.h. Leiter des Altdorfer Alumneums, in dem zwölf bedürftige Nürnberger auf Kosten der Stadt studieren konnten. Dann wurde er Vikar des Nürnberger Kirchen-Ministeriums, Professor der Metaphysik am Auditorium Egidianum und schließlich zweiter Pfarrer an St. Jakob und St. Sebald.

Die Krönung seiner Laufbahn ist dann der Ruf nach Altdorf im Jahr 1706. Trotz einer sehr schwachen und angegriffenen Gesundheit muß er sehr fleißig gewesen sein - Will listet im Gelehrtenlexikon allein 93 Schriften auf - und erfüllte all seine Ämter mit größter Treue und Gewissenhaftigkeit. *„So groß seine Gelehrsamkeit und seine Wissenschaft war, so groß war auch seine Bescheidenheit, Demut und so exemplarisch sein Wandel. Im Predigen war er gründlich gelehrt, beliebt und ernstlich."* (Will)

Aus Bescheidenheit lehnte er es ab, Rektor der Universität zu werden, und aus Friedfertigkeit ließ er sich in keinen wissenschaftlichen Streit ein. Auch Zeltners Portrait bestätigt den bescheidenen, friedfertigen und leutseligen Grundzug im Charakter dieses Theologen. 1730 legt er aus Altersgründen und wegen seiner schwächlichen körperlichen Verfassung all seine Ämter nieder und *„aus einem hochverdienten vordersten Professor der Theologie"* wird ein Dorfpfarrer in Poppenreuth, wo er am 20. Juli 1738 stirbt. 1743 promovierte ein Gustav Georg Zeltner aus Altdorf ausgerechnet *„Über die gesunde Beschaffenheit von Altdorf"*, wo Klima, Wasser und auch das Altdorfer Bier in den höchsten Tönen gepriesen werden. Unser Zeltner war der Taufpate und Onkel dieses jungen Mediziners.

Die Zeltner - Bibel

„Das Studium biblicum war seine Haubtarbeit, und hatte er durch stete Uebung eine solche Stärke in der Auslegung der H. Schrifft erlanget, daß ihm wenige hierinnen gleich zu achten oder vorzuziehen sind ..." (Will).
Im Jahr 1730 gab Doktor Gustav Georg Zeltner, Professor publicus und Pastor daselbst die folgende Bibel im Großoktav mit über 1500 Seiten heraus:
„Biblia, das ist: Die gantze Heilige Schrift Alten und Neuen Testamentes / Nach der Teutschen Übersetzung D. Martin Luthers ..."

Bibelausgabe von 1730

Verlegt hat diese Bibel, die 1740, 1751 und 1753 nochmals gedruckt wurde, Ernst Friedrich Zobel, dessen Schwiegersohn Johann Adam Hessel der Gründer der Druckerdynastie Hessel war. Das Frontispiz zeigt neben biblischen Szenen eine Ansicht und das Wappen von Altdorf und das Siegel der Universität. Das Titelblatt weist auch schon auf die Besonderheit dieser Bibelausgabe hin: „ ... *samt beygefügten zahlreichen Parallelen, insonderheit denen zum Dienst, welche mit weitläuftigen Auslegungen nicht versehen sind, mit kurtzen Erklärungen und Vergleichungen der einander entgegen zu seyn scheinenden Stellen, auch am Ende befindlichen vollständigen Anmerckungen ...*"

Der Dekan und die Professoren der theologischen Fakultät freuen sich in einer Vorrede über die Vielzahl von Bibelausgaben und sehen es als Zeichen, daß *„die liebe des göttlichen worts seye noch nicht gantz und gar bey sehr vielen verloschen ..."*; sie danken dem Verleger E.F. Zobel und loben den Herausgeber und Autor, *„sintemal der Herr Autor in denen anmerckungen oft mit wenig worten so viel ausgedrückt, als kaum in grossen commentariis zu finden ist."*

Die große Bescheidenheit Zeltners ist auch in seinem Vorbericht spürbar, wenn er sich mit einem Zwerg vergleicht, der auf den Schultern Luthers steht. Seine Anmerkungen rechtfertigt er damit, „*daß nemlich solches durchaus nicht aus einer sträflichen reformir-sucht, sondern blos und lediglich darum geschehen, ... sich eine nachricht zu nutz zu machen.*"

Lesenswert ist auch am Ende seines Werks der „*Unterricht, wie die Bibel zu lesen*" sei:

„*Wer Gottes Wort ... mit Frucht lesen will, hat*
1. *Ursach, an seinem eigenen Sinn und Verstand zu verzagen ..*
2. *Gebühret sichs, daß man auf alle Worte fleißig aufmercke ...*
3. *Wird erfordert eine hertzliche Begierde, die heilsame Wahrheit in Christo einfältig zu lernen ...*"

Und seine allgemeinen Regeln zur Bibel-Exegese gelten auch heute noch für jede Text-Interpretation: Man soll nicht ohne Not vom eigentlichen Wortsinn abweichen, man soll den „*Zusammenhang der Rede, oder den Context*" beachten, man soll dunkle Wörter mit Stellen erläutern, wo „*diese Materie ausführlich abgehandelt*" wird, und man kann viele Bedeutungen durch Vergleiche erschließen. Zur Offenbarung bemerkt er abschließend: „*Wer die Offenbarung verstehen will, muß die Kirchen-Historie ... wohl inne haben, die alten prophetischen Red-Arten fleißig in Acht nehmen, und, was noch dunckel, mit der Erfüllung in Zeit und Ewigkeit geduldig erwarten.*"

In den späteren Ausgaben der Altdorfer Bibel kommen zu den „*nothwendigen Anmerckungen*" noch eine „*kleine Hand-Bibel in Versen*", ein „*kurzer Unterricht vom Inhalt der ganzen H. Schrift durch Frag und Antwort in Reimlein*", ein Register von Bibelsprüchen, der Kleine Katechismus und ein Auszug aus dem Augsburger Bekenntnis. Der geistige Urheber war unstreitig Gustav Georg Zeltner, doch darüber sollte der Verleger und kaiserliche Notar Ernst Friedrich Zobel (1687 - 1756) nicht vergessen werden: Er hat immerhin 53 000 Bibeln verlegt, eine für damalige Verhältnisse immense Zahl!

Die Altdorfer Gesangbücher

In diesem Zusammenhang muß noch auf eine andere Leistung der Altdorfer Theologenfakultät hingewiesen werden, nämlich die „*Altdorfischen Gesangbücher*". Dabei haben sich vor allem die Universitätsdruckereien verdient gemacht, die für das Nürnberger Herrschaftsgebiet drei verschiedene Gesangbücher herausbrachten und immer wieder neu auflegten. Betreut und auch begutachtet wurden sie alle vom Kirchenregiment und der theologischen Fakultät. 1663 veröffentlichten der Theologe Johannes Weinmann und die Brüder Sebastian, seines Zeichens Schulmeister, und Johannes Göbel, Buchdrucker, *„Frommer Christen Betendes Hertz und Singender Mund Oder Altdorfisches Bet- und Gesang-Büchlein ..."*. Schon ein Jahr später gaben sie eine Neuauflage heraus mit dem Titel *„Heilige Hertzens-Bereitschafft ..."*.

1699 erschien in der Offizin Meyer, dem heutigen Universitäts-Museum, erstmals die *„Altdorfische Lieder-Tafel"*, die auch immer wieder neu aufgelegt wurde. Die Auflage von 1777 zeigt zum Beispiel auf dem Frontispiz eine Ansicht von Altdorf und das neue zwei-emporige Kirchenschiff, nach dem Neu- und Umbau von 1755. Schon 1690 verlegte Johann Adam Treu, ein Sohn von Abdias Treu, die *„Lob-Spielende Davids-Harpfe"*. Ernst Friedrich Zobel übernahm den Treu'schen Verlag und brachte 1731 erstmals die *„Altdorffische, Neu eingerichtete Davids-Harpfe"* heraus. Das herrliche Titelbild zeigt König David mit Chor und Orchester im Innern der alten Laurentiuskirche, dazu eine Gesamtansicht von Altdorf und je eine Ansicht der Kirche und der Universität. Die Konkurrenz zwischen der Meyer'schen und der Hessel'schen Druckerei wurde dadurch gemildert, daß die Liedertafel und die Davidsharfe auf Anweisung der Kirchenverwaltung und der theologischen Fakultät je 578 Lieder enthielten. Darunter sind auch solche von Altdorfer Professoren, wie Lang, Omeis, Sonntag und Wegleiter. Ein Name fehlt allerdings, der des Kantors von Joachimsthal, der vermutlich um 1500 in Altdorf geboren wurde, Nikolaus Herman!

Eines der Altdorfer Gesangbücher, 1735

Johann Jacob Baier (1677 – 1735)

JOHANN JACOB BAIER
Der Vater der fränkischen Fossilienkunde

Das Gebiet um Altdorf ist für Fossiliensammler schon seit langem eine wahre Fundgrube in des Wortes eigenster Bedeutung. Noch heute finden sich in jeder größeren Baugrube von Altdorf zumindest die fränkischen Sammler ein, und diese Sammelleidenschaft ist hier bis ins 17. Jahrhundert, bis 1677 nachweisbar. Gesammelt wurde alles, was der Boden, was vor allem die Liasschichten hergaben, vom schlichten Donnerkeil oder Teufelsfinger bis zum Saurierbaby! Gesammelt haben hier schon die Professoren Mauritius Hoffmann, Johann Christoph Sturm und eben Baier, der Student Johann Jacob Scheuchzer und der Bürgermeister Johann Friedrich Bauder. Georges Cuvier und Friedrich August Quenstedt, die beiden Altmeister der Fossilienkunde, nehmen natürlich immer wieder auf Altdorfer Funde Bezug. Doch der Vater der fränkischen Fossilienkunde und einer der Gründer der Wissenschaft der Paläonthologie war der Altdorfer Professor der Medizin Johann Jacob Baier!
Seine Autobiographie beginnt er folgendermaßen:

Der Mediziner

*„Als Vaterland hatte ich ja Jena, den berühmten Sitz der Musen in Thüringen. Mein Vater war Joh. Wilh. Baier aus Nürnberg, damals Professor der Theologie, ...
Meine Mutter war Anna Catharina, die Tochter des gleichfalls berühmten Theologen Joh. Musaeus... Als Sohn dieser Eltern erblickte ich das Licht der Welt am 14. Juni des Jahres 1677 und wurde von ihnen mit umso größerer Sorgfalt erzogen, je schwieriger dies erschien bei einem Menschenkind von zarter und schwacher Gesundheit ..."*

Wie damals üblich begann er mit 16 Jahren sein Studium in seiner Heimatstadt und *„zeigte eine große Fähigkeit und besonders eine außerordentliche Lust zur Medizin."* (Will) Er wechselte nach Halle, studierte und disputierte dort bei dem großen Mediziner Friedrich Hoffmann und kehrte nach Jena zurück, wo er promovierte.
Nach verschiedenen Bildungsreisen, wo er schon fleißig Mineralien und Fossilien sammelte und bei Goslar *„mit großem Vergnügen mehr als hundert Klafter selbst in die Ein-*

geweide der Erde" hinabstieg, kam er 1701 nach Nürnberg und wurde in das Collegium Medicum aufgenommen. Gleichzeitig war er auch noch Stadt-Medicus in Regensburg. Er erhielt einen Ruf nach Altdorf und trat am 2. März 1704 sein Amt als Professor der Medizin an. Und da er der Ansicht war, *„daß es wenig meiner Aufgabe entspräche, wenn ich die ärztliche Praxis selbst lehre, ohne sie in Wirklichkeit auszuüben"*, übernahm er auch die Stellung des Stadtphysikus, des Stadtarztes von Altdorf. Wie ernst er seinen Beruf nahm, zeigt sich schon an der Vielzahl von Dissertationen, deren Thesen zu der Zeit der Doktorvater verfaßte, während der Doktorand diese nur verteidigen mußte. Will zählt in seiner Biographie allein 43 Titel auf. Im Laufe von 25 Jahren hat Baier mindestens eine öffentliche Vorlesung pro Tag und Jahr gehalten und etwa 60 private insgesamt. 1708 wurde er Mitglied und später Präsident der *„Leopoldina"*, der ältesten Gelehrten-Gesellschaft, der kaiserlichen Sozietät der Naturforscher. *„Nebst der Aufsicht über den berühmten Altdorfischen hortum medicum (Doktorsgarten), war er auch noch Hochfürstlich Anspachischer LeibMedicus ... Er starb, nachdem er achtmal Decanus und zweymal Rector gewesen, den 14. Juli 1735 im 59. Jahr seines Alters."* (Will)

Der Historiker

Der Nachwelt ist allerdings Johann Jacob Baiers Name vor allem aus den Leistungen seiner Mußestunden bekannt. Das gilt in erster Linie für den Historiker Baier:
Im Jahre 1714 erschien aus seiner Feder die erste gedruckte Geschichte Altdorfs *„Warhaffte und Gründliche Beschreibung Der Nürnbergischen Universität-Stadt Altdorff ..."*,
1717 war eine zweite Auflage nötig mit dem leicht veränderten, ausladenden, aber informativen Titel

„Ausführliche Nachricht ... Darinnen Sowol der Ursprung und Aufnahme / Glücks- und Unglücks-Fälle / herrliche Privilegia und Begnadi-

1. gedruckte Geschichte Altdorfs

gungen / samt andern Denckwürdigkeiten / besonders aber eine richtige Verzeichnüß aller Professoren, mithin auch der gantze Status Academicus Biß auf gegenwärtige Zeiten ordentlich vorgestellet / und mit accuraten Kupfern erläutert ist."

Die herrlichen und äußerst genauen Kupferstiche, eine Landkarte, ein Stadtplan, verschiedene Gedenkmedaillen, das Universitätsgebäude und der Doktorsgarten stammen von Joh. Gg. Puschner. Der Schwerpunkt dieser Geschichte von Altdorf liegt natürlich auf der Entwicklung der Universität. Von insgesamt 20 Kapiteln sind ihr 16 gewidmet, von der Gründung der Hohen Schule, über deren Organisation bis zu den besonderen Einrichtungen der Anatomie, des chemischen Labors und des Doktorsgartens.

Ein Jahr nach dem 100jährigen Jubiläum des Botanischen Gartens gab Baier als dessen Präfekt anno 1727 eine *„Geschichte des Doktorsgartens der Altdorfer Akademie"* heraus. Und dazu hat wiederum Puschner den sicher schönsten Plan dieses Gartens gestochen, an dem man nicht nur die Ausdehnung erkennen kann, sondern auch die verbesserte Ausstattung bis hin zu Frühbeeten und einem großen Gewächshaus für die frostempfindlichen Pflanzen.

1728 erscheint dann sein umfangreichstes historisches Werk *„Joh. Jak. Baiers Biographien der Professoren der Medizin, die bisher an der Altdorfer Akademie gelebt haben."* Auf 200 Seiten beschreibt er genau Leben und Werk seiner Vorgänger und Kollegen und vor allem auch sein eigenes. Und es spricht für ihn, daß er lange überlegt, *„ob ich etwas über mich selbst zu entwerfen, verpflichtet sei, und was eigentlich?"* Er entschließt sich dazu mit der eines Historikers würdigen Bemerkung: *„Die Unwahrheit zu sagen, ist nicht meine Art."*

Der Fossilienforscher

Unvergänglichen Ruhm hat sich Joh. Jac. Baier mit einer anderen Nebenbeschäftigung erworben, nämlich der Sammlung, Beschreibung und Erklärung von Fossilien. Allerdings steht dies in einem engeren Zusammenhang zu seinem Beruf. Gehörte doch die Beschäftigung mit Heilerden und Mineralien auch zu den Aufgaben eines Arztes! Von Jugend an interessierte er sich nach eigenen Angaben für Versteinerungen:

„Deshalb war es mir nicht verdrießlich, die benachbarten Felder, Berge und Wälder oft zu durchstreifen und zu durchkriechen; Steine, Pflanzen und Insekten aller Art auzusuchen und zu sammeln; wovon ich viel bis zum heutigen Tag aufbewahre zur wirklich angenehmen Erinnerung an rege jugendliche Tätigkeit. Und auch in der Folgezeit konnte ich mich von der Fortsetzung solcher Naturstudien, die mir so viele angenehme Überlegungen und Hinweise über die Weisheit und Güte des höchsten Schöpfers verschaffte, überhaupt nicht losreißen."

Die Berufung nach Altdorf hat diese Neigung natürlich noch gefördert; er schreibt in seiner Autobiographie:

„Da ich nämlich, wie schon oben erwähnt wurde, von Jugend an durch einen eigentümlichen Trieb hauptsächlich zur Erforschung der Fossilien neigte, konnte es nicht ausbleiben, daß ich auch das Gelände von Altdorf und dessen Nachbarschaft nach solchen Schätzen durchsuchte, und dies mit um so größerer Mühe, je weniger gebahnte Wege ich beim Suchen fand."

„Nürnbergische Fossilienkunde", Nürnberg 1708

Vier Jahre nach seinem Amtsantritt in Altdorf veröffentlicht er 1708 das Werk, das ihn bis in unsere Zeit berühmt gemacht hat:
„*JOHANN JACOB BAIERS, Doktor der Philosophie und Medizin und öffentlicher Professor dieser Altdorfer Akademie und Arzt der berühmten Reichsstadt Nürnberg, NÜRNBERGISCHE FOSSILIENKUNDE oder kurze Beschreibung der Fossilien und Mineralstoffe des Territoriums von Nürnberg und seiner Nachbarschaft. Mit etwa 200 Abbildungen von Figurensteinen. Nürnberg, auf Kosten des Buchhändlers Wolfgang Michahellis, Anno 1708*".

Der Erlanger Geologe Professor Bruno v. Freyberg hat das lateinische Original übersetzen lassen und 1958 in den Erlanger Geologischen Abhandlungen herausgegeben. Auf dem Frontispiz des Buches ist die Stadtgöttin Noris mit einer Mauerkrone abgebildet, die ein Füllhorn voll Versteinerungen hält. Vor ihr spielen am Ufer Genien mit Fossilien. Auf dem Meer zieht Neptun auf einer Muschel der Noris entgegen. Damit stellt sich Baier auf die Seite der Neptunisten, die von der Entstehung der Erde aus dem Meer überzeugt waren.
Versteinerungen, man könnte auch sagen Stein gewordene Zeit, scheinen schon immer die Menschen fasziniert zu haben. Aristoteles z.B. erklärt sich ihr Entstehen mit einer bildnerischen Kraft, einer vis figurativa, die der Natur innewohnt. Und Baier und seine Zeitgenossen sprechen durchwegs von „*Figurensteinen*". Dieser Gedanke schlägt dann geradezu Kapriolen in den sogenannten „*Lügensteinen*" des Würzburger Mediziners Joh. Bartholomäus Beringer, dem die Studenten mit selbstgemeißelten Tieren einen Streich spielten. Erst nach Veröffentlichung dieser „*Versteinerungen*" 1726 erkannte Beringer seinen Irrtum.
Auch in Altdorf hat man schon vor Baier Petrefakten gesammelt, und er verweist ausdrücklich darauf. Mauritius Hoffmann hat im Jahr 1677 einen Pflanzenkatalog „*Florae Altdorffinae Deliciae Sylvestres*" herausgebracht: Im alphabetisch geordneten Katalog werden unter dem Buchstaben L (lat. lapides = Steine) inmitten der Pflanzen zwei Seiten Versteinerungen aufgezählt und abgebildet!
Doch zurück zu Joh. Jac. Baiers „*Oryktographia Norica*": Wie schon erwähnt, spricht Baier auch von Figurensteinen und daß sie einem „*Naturspiel*" entstammen können und nennt in diesem Zusammenhang Geoden, Adlersteine und Belemniten (!). Er spricht von vegetabilen Naturspielen, von fruchtartigen Steinen, den „*Carpolithi Altdorfini*". Schließ-

lich meint er, daß *„der Fleiß der moderneren, nüchterner forschenden Männer ein richtigeres Urteil gefällt"* habe. Und dann bricht es heraus, *„daß sie alle, Hörner oder Zähne oder fossile Knochen ... keineswegs hervorgerufen sind durch ein Spiel der Natur, sondern daß sie Teile und Reste von Tieren sind.... Sie müssen zu den tierischen Versteinerungen ... zu den Wirbeln größerer Fische gerechnet werden."* (Orykt. S. 54 f) Er beschreibt auch schon den Prozeß der Umwandlung oder Versteinerung: vom Luftabschluß, der Inkrustation, dem organischen Zerfall bis zur Kristallisation durch den *„Steinsaft"*.

So deutlich hier der moderne, der rationalistische Forschergeist erkennbar ist, so rückwärtsgewandt und an Traditionen gefesselt ist Baier in der Frage nach der Entstehungszeit der Fossilien. Für ihn sind sie *„Denkmäler der Sündflut"*! Er präzisiert und schränkt zugleich ein: *„... daß ich diese zumeist für Überbleibsel der allgemeinen großen Flut halte. Leicht aber möchte ich zu dem Glauben kommen, daß auch in den folgenden Jahrhunderten gewisse Knochen ... hier und dort ... in geeigneten Boden gelangten ..."* (S.56) Deutet Baier hier etwa ganz unorthodox eine zweite Sündflut an? Der berühmte Schweizer Paläonthologe Joh. Jac. Scheuchzer, der 1692/93 in Altdorf studierte und später mit Baier eifrig korrespondierte, ist in dieser Hinsicht wesentlich entschiedener. Für ihn sind sehr entfernt menschenähnliche Versteinerungen Zeugnisse eines Menschen der Sündflut (homo diluvii testis), oder wie es Scheuchzer verdeutscht: *„Betrübtes Bein-Gerüst von einem alten Sünder"*! Scheuchzer veröffentlicht noch 1731 eine *„Kupfer - Bibel, in welcher die Physica Sacra oder Geheiligte Natur-Wissenschafft ... erklärt wird"*. Dazu wäre Baier nicht mehr fähig gewesen.

Baier und seine Altdorfer Kollegen stehen genau an einem überaus wichtigen Wendepunkt in der Geschichte der Wissenschaft: Sie sind einerseits noch dem religiös fundierten, spekulativen Denken verbunden, andererseits schauen sie alle weit in die Zukunft des rationalistischen, experimentellen und kausalen Denkens und Forschens. Faszinierend ist, daß sich an der kleinen Altdorfer Universität so viele moderne Gelehrte sammelten. Doch den modernen Ansatz der Geologie, den Gedanken der Stratigraphie oder der Schichtenbildung hat Baier nicht erkannt. Die historische Dimension, die zeitliche Genese von Naturphänomenen war ihm fremd.

Die *„Nürnbergische Fossilienkunde"* wurde ein zweites Mal aufgelegt und wurde bald als klassisches Werk anerkannt. 1730 veröffentlichte Baier eine *„Übersicht über sein Mu-*

seum nebst Ergänzungen der Nürnbergischen Fossilienkunde" mit großartigen meist mehrfach gefalteten Kupfertafeln. So begleitete das Werk seiner Mußestunden den Professor der Medizin ein Leben lang bis zu seinem frühen Tod am 14. Juli 1735.

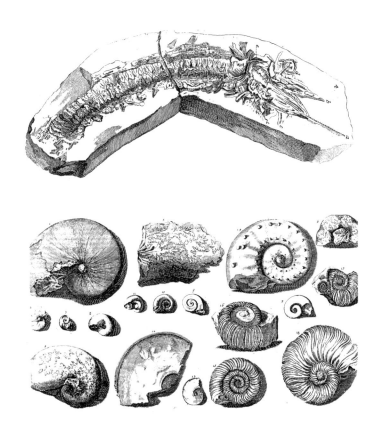

Abbildungen aus der „Oryktographia"

Laurentius Heister (1683 – 1758)

LORENZ HEISTER
Chirurg   Anatom   Botaniker

„Se questo non fosse stato, tutti faremo ignorantacci."

Erste operative Eingriffe am Menschen waren mit Steinklingen durchgeführte Schädeltrepanationen. Belege für solche chirurgischen Behandlungen in der Frühzeit finden sich in allen Kulturen. Die Antike hatte hierfür bereits ein umfangreiches Instrumentarium entwickelt. Von damals bis in das 18. Jahrhundert galten jedoch die Chirurgen trotz fortschreitender, für chirurgische Eingriffe wichtiger anatomischer Erkenntnisse und berühmter mittelalterlicher Chirurgen-Schulen sowie durch Erfahrungen in der sogenannten Feldchirurgie auf Kriegsschauplätzen nur als Handwerker und wurden den Barbieren und Badern gleichgesetzt. Der Begriff *„Chirurgie"* setzt sich aus den griechischen Wörtern *„xeir"* und *„ergon"* zusammen und bedeutet im etymologischen Sinne die Lehre vom Heilen durch den alleinigen Gebrauch der Hände. Aus dieser Gleichsetzung mit Handwerkern bestritten die Ärzte den Chirurgen zunächst jeden Anspruch auf Wissenschaftlichkeit. Die Zusammenarbeit mit den *„Barbier-Chirurgen"* beschränkte sich im allgemeinen darauf, ihnen Aufträge für die Durchführung von operativen Eingriffen, meist in Notfällen, zu erteilen. Besonders in Frankreich war das Verhältnis zueinander sehr aggressiv. Beschimpfungen wie *„gestiefelte Lakaien"*, *„Rasse extravaganter, schnauzbärtiger und rasiermesserschwingender Spitzbuben"* und *„erbärmliches Gesindel"* waren an der Tagesordnung. Noch 1743 hieß es, *„sich den Chirurgen dem Arzt gleichgestellt vorzustellen, sei heller Wahnsinn"*.

Zu diesem Zeitpunkt waren in Deutschland die Verhältnisse dank Heister schon anders. Lorenz Heister war einer der anerkanntesten und über die Landesgrenzen weit hinaus bekannten Chirurgen, der 1718 mit seinem Buch die wissenschaftliche Chirurgie begründete:

„Chirurgie, in welcher alles, was zur Wundarzney gehöret, nach der neuesten und besten Art gründlich abgehandelt, und in acht und dreißig Kupfertafeln die neuerfundenen und dienlichsten Instrumente, nebst den bequemsten Handgriffen der chirurgischen Operationen und Bandagen deutlich vorgestellet werden".

Chirurgie, Nürnberg 1719

Heister lehrte und arbeitete von 1710 bis 1720 an der Universität Altdorf und gehörte zu den Professoren, die das Ansehen der Universität nachhaltig gefördert haben. Er ist unstreitig einer der berühmtesten Altdorfer Gelehrten.

Geboren am 19. September 1683 in Frankfurt am Main als Sohn eines Diel- und Holzhändlers bzw. Gastwirts und Weinhändlers besuchte er das Gymnasium in seiner Heimatstadt und studierte ab 1702 an den Universitäten Gießen und Wetzlar Physik und Medizin und beschäftigte sich nebenher bei seinem Hauswirt mit der Apothekerei. Das Ver-

fassen von Gedichten in deutscher und lateinischer Sprache wie auch die Beschäftigung mit Musik und Zeichenkunst weisen auf eine künstlerische Begabung.
Die weitere medizinische Ausbildung absolvierte er im Ausland: In Amsterdam, Antwerpen, Brüssel, Löwen und Gent kommt er mit den berühmtesten Wundärzten und Operateuren der damaligen Zeit zusammen, sammelt Erfahrungen bei der Armee im spanischen Erbfolgekrieg, hörte anschließend wieder Vorlesungen in Leyden, vervollständigte seine Kräutersammlung und promovierte schließlich 1708 in Harderwik („De tunica oculi choroidea": Über die Aderhaut des Auges). Sein Doktorvater war der berühmte Polyhistor Theodor Janson von Allmeloveen. Anschließend ließ er sich in Amsterdam nieder und hielt anatomische und chirurgischeVorlesungen - vorübergehend unterbrochen durch seine Tätigkeit als Feldmedicus unter den Holländern. 1710 reiste er für vier Monate nach England und machte in Cambridge, Oxford und London die Bekanntschaft vieler Gelehrter. Insbesondere interessierten ihn die Naturalien-Kabinette.

Am 11. November 1710 trat er die Nachfolge des verstorbenen Professors Jacob Pancratius Bruno an der Universität Altdorf an und hielt im Dezember 1710 hielt er seine Antrittsvorlesung *„De hypothesium medicarum fallacia et pernicie"* (Über falsche und schädliche medizinische Hypothesen). Während seiner umfangreichen Tätigkeit in Altdorf als Chirurg, Anatom und Botaniker erhielt er viele wissenschaftliche Ehrungen: z.B. wurde er in die Kaiserliche, in die Königlich-Englische und die Königlich-Preußische Societät aufgenommen. 1720 wurde er an die Universität Helmstedt berufen.

Auch an der 1576 gegründeten Julius-Universität Helmstedt war er als Professor für Anatomie und Chirurgie, später auch für Medizin-Theorie und Botanik tätig. Er führte vielfätige Operationen *„bey innerlichen wie auch vornehmlich bey äußerlichen Schäden"* mit großem Erfolg durch und wurde Hofrat und Leibmedicus des Herzogs Ludewig Rudolph von Braunschweig-Lüneburg. Berufungen an andere Universitäten lehnte er ab. Er setzte den medizinischen Garten zu Helmstedt in den *„trefflichsten"* Stand, arbeitete an seinem Herbarium Vivum, das 1725 bereits aus 66 Folianten bestand, vervollständigte seine anatomisch-chirurgische Bibliothek, seine Disputationen-, Instrumenten- und Kupferstich-Sammlungen. Bemerkenswert ist, daß Heister viele seiner chirurgischen Instrumente selbst verfertigte, da nur diese seinen Ansprüchen genügten. Aus dem gleichen Grund hatte er in Altdorf das Kupferstechen gelernt. Ein großer Teil seiner Bi-

bliothek dürfte aus selbstverfaßten Schriften bestanden haben: sein Werk umfaßte 1754 schon über 125 Veröffentlichungen, davon allein über 30 aus Altdorfer Zeiten.
Zum Privaten ist anzumerken, daß Heister am 17. März 1712 die Tochter Eva-Maria des Altdorfer Professors Heinrich Hildebrand ehelichte. Von seinen aus dieser Verbindung hervorgegangenen zehn Kindern überlebten nur drei Töchter. Heister verstarb am 18. April 1758 in Helmstedt und wurde dort begraben.

Lorenz Heister gehört unzweifelhaft zu den bedeutendsten Chirurgen des 18. Jahrhunderts. Er interessierte sich auch für Augenerkrankungen, insbesondere den grauen Star, promovierte über ein Thema aus der Augenheilkunde und stellte später fest, daß *„der Staar kein Häutgen, sondern ein trüb gewordene chrystallische Feuchtigkeit seye"*, führte auch selbst Star-Operationen durch.

Eines seiner wichtigen Werke war das zunächst in lateinischer Sprache 1717 in Altdorf herausgegebene *„Anatomische Kompendium"*, das in vielen Auflagen und in verschiedenen Sprachen, darunter auch in Deutsch, erschienen ist. Einige Kapitel daraus sind: *„Von der Lufft-Röhre: Des Wesen bestehet aus XIV. bis XX. Knorplikten Rincken und aus Häuten"* oder *„Von dem Werckzeuge des Geruches: Das Werckzeug des Geruches ist die Nase, deren Lage und Zahl ist bekanndt, doch ist zu mercken die Größe: ist entweder mittelmäßig, sehr groß oder klein, Gestalt ist angenehm oder häßlich"* oder *„De Myologia oder Die Lehre von dem Fleische - von den Fleischlappen insgemein und von den Fleischlappen insbesondere"*.

Berühmt jedoch und dadurch auch der Nachwelt bis in die heutige Zeit bekannt wurde sein Name durch die bereits erwähnte, 1719 in Nürnberg herausgegebene *„Chirurgie"*, sein bedeutendstes Werk, das in vielen Auflagen und in sieben Sprachen, u.a. auch in Japanisch, erschien und über viele Jahrzehnte das Standard-Lehrbuch der Chirurgie schlechthin war. Noch 1773 erschien eine Neuauflage mit 1076 Seiten. Das Buch beschreibt eine Reihe neuer Operationsmethoden und Behandlungstechniken, beinhaltet eine Instrumenten- und Bandagen-Kunde und auch die neue Lehre vom grauen Star (Linsentrübung).
Die Motivation für die Herausgabe dieses Buches gibt Heister in seiner Vorrede. Da heißt es:

Eine Arm-Amputation aus der Chirurgie

"hat mir doch allezeit der Mangel eines guten und vollständigen Handbuchs, dessen man sich, um die hochnützlichste Kunst jungen Leuten deutlich vorzutragen und gehörig beyzubringen, füglich bedienen könnte, nicht wenig Beschwerlichkeit verursachet. Und eben diesen Mangel halte auch fast vor die Hauptsache, daß sowohl den Studiosis medicinae, als Barbierjungen und Gesellen, die Chirurgie bishero so schwer geworden und so wenige, sonderlich in Teutschland, zu finden gewesen, welche sich einer gründlichen Wissenschaft in derselben hätten rühmen können; dergestalt, daß sie alle die wichtigsten Operationes den Quacksalbern und Landläufern überlassen, und diejenigen, welche sich Chirurgos nennen, meistens damit sich begnügen müssen, wenn sie nur gewußt, eine Ader zu öffnen, eine Wunde zu verbinden, ein Geschwüre aufzustechen, oder aufs höchste eine Verrenkung und Beinbruch zu curiren; an wichtigere Operationes aber haben sich wenige zu wagen getrauet."

Heister bemängelt in allen bisher erschienenen chirurgischen Büchern die Unvollständigkeit und Mangelhaftigkeit wie auch das Fehlen der Darstellung neuer Erfindungen und Verbesserungen sowohl in der Theorie wie auch in der Praxis. Teilweise seien die Bücher auch von Theoretikern, die keine chirurgische Praxis hatten, oder von praktizierenden Chirurgen, die keine theoretischen Studien betrieben hatten, geschrieben. Er wollte ein umfassendes Werk schreiben, damit die Anfänger nicht in vielen Büchern nachschlagen müßten. Bemerkenswert, ja ungewöhnlich für die damalige Zeit ist, daß das Buch gleich in deutscher Sprache erschien, *"indem dadurch nicht nur den Studiosis medicinae, sondern auch unsern teutschen Chirurgis gedienet würde, und also die Frucht meiner Arbeit in unserem Vaterlande desto größer seyn möchte"*.
Zu Beginn der Einleitung der *"Chirurgie"* beschreibt Heister die Chirurgie als eine der drei Säulen der Medizin und betont, daß sie unentbehrlich ist:

"Von der Chirurgie Beschaffenheit überhaupt: ihrem Ursprung, Wachsthum, Eintheilung, Instrumenten, und andern allgemeinen Nothwendigkeiten, so einem angehenden Chirurgo Anfangs zu wissen am nothwendigsten sind.

Der Haupt-Endzweck der Medicin ist, denen Krankheiten des menschlichen Leibes, entweder vorzukommen, oder selbige zu curiren. Dieses hat man schon von alten Zeiten her, durch dreyerley Hülfs-Mittel, getrachtet ins Werk zu richten: Als erstlich, durch die Diät oder Lebens-Ordnung: zweytens, durch Medicamenten; und drittens, durch die Chirurgie, als die drey Haupt Seulen der Medicin, oder auch durch alles zugleich, wenn es nöthig war, gleichwie solches die Vernunft und Erfahrung gelehret; und muß auch noch heut zu Tag auf solche Manier in der Cur der Krankheiten verfahren werden. Denn da die Intention des Medici, und die Gesundheit des Patienten nicht allezeit durch die Diät und Medicamenten kan erlanget werden, sondern oft die Hülfe der Hände oder Chirurgie bedarf, ja öfters absolut dieselbe nöthig hat; so erhellet hieraus, daß diese Kunst und Wissenschaft in der Welt höchst nöthig sey: Insonderheit, da dieselbe oft allein verschiedene Zufälle und Krankheiten, ohne sonderliche Attention auf die Diät oder Medicamenten, curirt; ja wo oft die Diät und Medicamenten allein nichts ausrichten können; gleichwie solches die Wunden, Beinbrüche, Verrenkungen, und viele andere Zufälle gnugsam darthun können. Andere Künste in der Welt dienen meistens nur zur Bequemlichkeit des menschlichen Lebens: Die Chirurgie aber ist zum Leben oft ganz unentbehrlich. Und kann man ihre grosse und absolute Nothwendigkeit am besten erkennen in gefährlichen Verwundungen, sonderlich bey Feld-Schlachten und Belagerungen, da gar viele brave Officiers und Soldaten wegen starker Verblutung und anderer Ursachen mehr sterben müsten, wenn die Chirurgie nicht wäre, welche durch diese erhalten, und dem Tode oft wieder aus dem Rachen gerissen werden; welche auch mit desto grösserem Muth und Courage dem Feind entgegen gehen; dieweil sie von ihren zu erwartenden Wunden, durch die Chirurgie wiederum curirt zu werden, gute Hoffnung haben: Und dahero pflegt man auch die Chirurgie bey uns Teutschen Wund-Arzney zu nennen; nicht, als ob sie nichts anders, als Wunden tractirte; sondern weil sie durch Curirung der Wunden sich, vor andern, so sonderbar signalisiret, und so mächtig und kräfftig erwiesen, ja noch täglich nützlich erweiset."

Die Lektüre des Inhaltsverzeichnisses ist allein schon interessant und oft auch kurios. So gibt es Kapitel „*Von dem ganz zerschnittenen Darme*", „*Von den Zufällen der Beinbrüche*", „*Vom Bruch des Schienbeins, wie auch der Beine, woraus der Fuß besteht*", „*Von den Verrenkungen der Beine insbesondere*", „*Von den Geschwülsten und Entzündung der Brüste by den Weibern*", „*Von Operationes, welche man an vielen Theilen des Leibes verrichtet, zu denen auch Aderlässe gehören, Schröpfen, Nadelstechen der Chinenser und Japonenser*", „*Setzung der Clystiere*", „*Von der Eröffnung eines zugewachsenen Hintern*", „*der Umgang mit dem Brenneisen*", „*allerlei fremde oder widernatürliche*

Dinge aus den Wunden zu ziehen", „die Verteilung der zusammengewachsenen Finger und Zehen".

Ebenso gehören Amputationen an Armen und Beinen, Trepanationen, Star-Operationen, Operationen von Hasenscharten, Zähneziehen und -einsetzen, *„krumme Hälse wieder gerade machen", „der Gebrauch der Magenbürste", „der kayserliche Schnitt", „Von der Heilung der bezauberten Schäden"* und vieles mehr zu diesem Werk. Man hat den Eindruck, es gab fast nichts, was damals nicht bereits behandelt wurde - natürlich für unsere Vorstellungen mit geradezu 'mittelalterlichen' Methoden. Der Chirurg von damals war ein *„Universalchirurg"*: Er behandelte und operierte alles, wofür sich erst viel später fachspezifische Bereiche herausbildeten wie Augenheilkunde, Gynäkologie, Hals-Nasen-Ohren-Heilkunde, Neurochirurgie, Orthopädie, Urologie und Zahnheilkunde. Einige von Heister eingeführte Verfahren sind heute noch gültig, wie z.B. die Erkenntnis, daß bei Amputationen die Blutgefäße unbedingt zu unterbinden und nicht, wie von Wundärzten seiner Zeit praktiziert, nur zusammenzudrücken sind.

Dem anfangs zitierten Satz ("Wenn es ihn nicht gegeben hätte, wären wir alle Dummköpfe geblieben") den „zween reisende Italiener, die Anatomiker waren", am Grabhügel Heisters sprachen, ist nichts hinzuzufügen.

Anngret Burghard

Eine Star-Operation aus der Chirurgie

Johann Heinrich Schulze
(1687 – 1744)

JOHANN HEINRICH SCHULZE
Der Begründer der Photographie

Es ist gewiß nicht nur Lokalpatriotismus, wenn in dieser Altdorfer Gelehrtengeschichte besondere und herausragende Leistungen hervorgehoben werden. Geschichte ist nun mal dadurch gekennzeichnet, daß aus dem immergleichen Alltagsstrom die Wellen und Schaumkronen entscheidender Ereignisse herausragen. Das gilt auch für die Altdorfina, und das gilt vor allem für den Professor der Medizin, der Beredsamkeit und der Altertümer Johann Heinrich Schulze.

Er ist am 12. Mai 1687 in Colbitz bei Magdeburg geboren. Mit 10 Jahren kam er in das berühmte Hallenser Waisenhaus von August Hermann Francke, wo er bis auf eine zweijährige Erkrankung in den nächsten 20 Jahren als Schüler und dann als Lehrer lebte. Und schon hier beschäftigt er sich einerseits mit dem Griechischen und den orientalischen Sprachen und andererseits mit der *„Arzneykunst ... Kräuterwissenschaft und der Zergliederungskunst"* (Will). An der Universität Halle wurde er dann der engste Schüler und Assistent des Mediziners Friedrich Hoffmann (von ihm stammen die bekannten Hoffmanns-Tropfen), bei dem er 1717 *„Über die antiken Athleten und deren Diät und Lebensweise"* promovierte. Bei einem für die Zeit typischen Gelehrtenstreit unterstützte er seinen Doktorvater: Bei einer Geisterbeschwörung bei offenem Feuer in einem geschlossenen Raum waren zwei Menschen umgekommen. Hoffmann und Schulze erklärten dies mit *„dem tödtlichen Dampff der Holtz-Kohlen"*, ein theologischer Kollege meint dagegen, daß die beiden der Teufel geholt habe.

Im Herbst 1720 erhält Schulze einen Ruf nach Altdorf, nachdem Laurentius Heister eine Professur in Helmstedt angenommen hatte. Er bekommt den dritten, den anatomischen Lehrstuhl in der medizinischen Fakultät, hält am 13. Dezember 1720 seine Antrittsvorlesung *„Über die rechte Wertschätzung der anatomischen Studien"* und promoviert im April 1721 als ersten Doktoranden den Augsburger J. Khelle mit einer *„Geschichte der Anatomie"*. Dessen Förderer Lucas Schroeck ist Präsident der *„Leopoldina"*, der ersten deutschen Akademie der Naturforscher, und er nimmt Schulze in diese berühmte Gelehrtengesellschaft auf. Später wird er auch Mitglied der Akademie der Wissenschaften in Petersburg und in Berlin. Im Jubiläumsjahr 1723 ist er Dekan der medizinischen Fakultät und drei Jahre später Rektor in Altdorf. Schließlich verwaltet er auch noch die Lehrstühle für Altgriechisch und für Orientalistik. 1732 geht Schulze nach Halle zurück und erhält zunächst eine Professur für Beredsamkeit und die „*Alterthümer*". Dem preußischen König Friedrich Wilhelm I. ist so sehr an einer Rückkehr Schulzes gelegen, daß er dessen Schulden in Altdorf begleicht. Schulze war nämlich ein Büchernarr und sammelte außerdem schon hier antike Münzen! Will betont jedoch in seinem „*Gelehrten-Lexicon*" ausdrücklich: *„Dabey vergaß er das Haubtwerk nicht, und diente der Medicin auf alle Weise."* Seine Auswahl von Veröffentlichungen umfaßt sechs Seiten, und Schulze soll die erstaunliche Zahl von 166 Dissertationen betreut und zum großen Teil selbst verfaßt haben. Dadurch *„schwächte er seine Gesundheit, und hat sich besonders um Ostern 1744, da er eben Decanus (in Halle!) war, so abgearbeitet, daß man ihn krank von einer Inauguraldisputation heimführen mußte. Er entzog sich sogleich den Geschäfften, und wollte sich in dem benachbarten Merseburgischen Städlein Lauchstadt durch das Bad herstellen; allein er war zu sehr verzehrt und verwechselte den 10. Oct. 1744 das Zeitliche mit dem Ewigen."* (Will)

Der Philologe und Numismatiker

Zurecht wird Leibniz als der letzte Universalgelehrte bezeichnet. Doch in der Zeit des Rationalismus, im Übergang vom Barock zur Aufklärung, waren sehr viele Gelehrte im Unterschied zum heutigen Spezialistentum sehr breit angelegt. Das mag auch mit dem anders organisierten Studium, vor allem mit dem allgemeineren Grundstudium zusammenhängen.

Auch Johann Heinrich Schulze ist sowohl in den Geisteswissenschaften als auch in den Naturwissenschaften zu Hause: Seine erste Veröffentlichung von 1715 ist eine „*Griechische Grammatik*", er verwaltet in Altdorf und in Halle die vakanten Lehrstühle für das Griechische, die Orientalistik, die Beredsamkeit und die Altertumswissenschaften, und er liest über die „*Oden des Horaz*" und über „*Plutarch*". Zur 200-Jahrfeier der Confessio Augustana ließ er griechische Gedichte drucken und schließlich entzifferte er als seine größte Leistung in diesem Bereich die kufische Inschrift auf dem Krönungsmantel des Stauferkaisers Friedrich II. Seit 1424 wurden die Reichsinsignien in Nürnberg aufbewahrt und als „*Heiltümer*", als heilspendende Reliquien einmal im Jahr ausgestellt. Da-

Krönungsmantel Kaiser Friedrichs II.

runter war auch der goldgestickte Krönungsmantel der Kaiser des Heiligen Römischen Reiches deutscher Nation: Links und rechts von einer Palme schlagen zwei mächtige Löwen je ein stürzendes Kamel. Der Saum des Mantels ist mit merkwürdigen Arabesken verziert. Der Patrizier Hieronymus Wilhelm Ebner bittet den Altdorfer Professor Schulze um Hilfe . Dieser erkennt als erster, daß es sich um kufische Lettern, eine arabische Zierschrift handelt, und er übersetzt sie auch: *„Gott möge den Monarchen beschützen und ihm weitere fünfzig Jahre schenken. Wer kein Herz hat, halte sich fern vom Streit. Mut hilft zu allen Vorhaben."* Der Mantel ist 1133 in Palermo gemacht worden, und zwar für den normannischen König von Sizilien Roger II., der ihn seinem Enkel Friedrich II. vererbte. Diese Entzifferung machte Schulze zu einem der renommiertesten Orientalisten seiner Zeit. In Altdorf verfiel er auch noch einer anderen Nebenbeschäftigung oder Leidenschaft, dem Sammeln antiker Münzen. Zwei Kollegen, Prof. Rink und der große Numismatiker Joh. David Köhler, der seit 1729 die Zeitschrift *„Historische Münzbelustigung"* herausgab, haben ihn auf den Geschmack gebracht. Er hielt Vorlesungen über die Münzwissenschaft und schreibt über die *„Münzen von Thasos"*. Am Ende seines Lebens hat er eine Sammlung von annähernd 3000 antiken Münzen, die heute im *„Robertinum"* der Martin-Luther-Universität Halle-Wittenberg liegen.

Der Entdecker der Lichtempfindlichkeit

Daß Johann Heinrich Schulze heute noch einigen wenigen bekannt ist, hat einen anderen Grund und hängt mit seinen chemischen Forschungen zusammen.
1727 erschien in den *„Ephemeriden"*, den *„Physikalisch-Medizinischen Abhandlungen der kaiserlich Leopoldinisch-Karolinischen Akademie der Naturforscher"* von Schulze folgender Aufsatz: *„Scotophorus anstatt Phosphorus entdeckt; oder merkwürdiger Ver-*

such über die Wirkung der Sonnenstrahlen". Ich zitiere in Auszügen nach der Übersetzung von J.M. Eder:

„Oft lernen wir durch Zufall, was wir durch Nachdenken und zielbewußte Arbeit kaum gefunden hätten ... Fast zwei Jahre sind es nun, als mir beim Studium über den Phosphor der Gedanke kam, den Balduinschen Prozeß zu prüfen. Es war mir damals gerade etwas Scheidewasser (verdünnte Salpetersäure) zur Hand, enthaltend eine sehr mäßige Menge von Silberteilchen, so viel nämlich, als bei dessen Bereitung nötig ist, damit es zur Trennung des Goldes vom Silber tauglich sei. Solches Scheidewasser verwendete ich, um damit, wie es der Balduinsche Versuch verlangt, Kreide zu befeuchten. Ich unternahm diese Arbeit bei offenem Fenster, welches die hellsten Sonnenstrahlen hereinließ. Ich bewunderte die Veränderung der Farbe an der Oberfläche in dunkelrot mit Neigung zu veilchenblau. Mehr aber noch wunderte ich mich, als ich sah, daß der Teil der Schale, welchen die Sonnenstrahlen nicht trafen, jene Farbe nicht im mindesten zeigte ..."

Er macht nun verschiedene Versuche, um zu beweisen, daß das Licht die alleinige Ursache für die Verfärbung ist und nicht etwa die Wärme. Auch rauchende Salpetersäure ohne gelöstes Silber zeigte nicht die dunkelrot bis blaue Verfärbung. Auch mit dem folgenden Experiment ist Schulze schon sehr nahe an der Kunst, mit Licht zu schreiben, nämlich der Photographie:

„So schrieb ich nicht selten Namen oder ganze Sätze auf Papier und schnitt die so mit Tinte bezeichneten Teile mit einem scharfen Messer sorgfältig aus; das in dieser Weise durchlöcherte Papier klebte ich mit Wachs auf das Glas. Es dauerte nicht lange, bis die Sonnenstrahlen dort, wo sie durch die Öffnungen des Papiers das Glas trafen, jene Worte oder Sätze auf den Niederschlag von Kreide so genau und deutlich schrieben, daß ich vielen Neugierigen, die aber den Versuch nicht kannten, Anlaß gab, die Sache auf ich weiß nicht welchen Kunstgriff zurückzuführen."

Das Fixieren solch einer belichteten Silbernitrat-Emulsion durch das Herauslösen des Silbers beherrschte Schulze noch nicht. Wenn er seine Schablonen von der Kreideschicht wegnahm, verfärbten sich auch diese bisher hellen, unbelichteten Stellen. Das Fixieren konnte man erst etwa 100 Jahre später. Und erst 1835 gelang Louis Daguerre mit einer

Camera obscura, einer Silbernitrat-Emulsion auf einer Glasplatte und einer halbstündigen Belichtung das erste Photo der Welt.

Unbestreitbar legte Professor Schulze mit diesem Versuch über 100 Jahre vor der eigentlichen Realisierung die Grundlagen der Photographie. Seine Zeit ahnte nicht im geringsten die Bedeutung dieses Experiments, doch er selbst wies mehrmals darauf hin. Zuletzt in seinen *„Chemischen Versuchen"*, die ein Jahr nach seinem Tod von seinem Schwiegersohn herausgegeben wurden, wo er im § 151 den Versuch beschreibt und feststellt:

„Dieses Experimentum scotophorum scheinet in meinen Augen gar nachdenklich. Zum wenigsten dienet es zu einem handgreifflichen Beweiß, daß das Sonnenlicht, als Licht, Wirckungen habe, die von der Wärme independent /unabhängig sind: worauf meines Wissens die Physici bisher nicht reflectiret haben."

Ein weiterer Beweis dafür, daß sich Schulze der Bedeutung dieses Experiments bewußt war, ist die Tatsache, daß er es dreimal veröffentlicht hat. Hans-Dieter Zimmermann von der Universität Halle verwies vor zehn Jahren darauf, daß Schulze das Experimentum scotophorum schon 1719 in der Hallenser Zeitschrift *„Bibliothecae Novissimae"* im selben Wortlaut veröffentlicht hatte wie in den *„Ephemeriden"*, daß also die Datierung der Entdeckung der Lichtempfindlichkeit auf 1717, als Schulze noch in Halle war, vorverlegt werden muß. Mit Sicherheit hat er aber diesen Versuch auch im Altdorfer Labor wiederholt, und mit Sicherheit zählte die Altdorfina Johann Heinrich Schulze zu ihren besten Köpfen!

*Georg Andreas Will
(1727 – 1798)*

*Gemälde von
Eberhard Ihle*

GEORG ANDREAS WILL
Historiker und Aufklärer

„Die Eule der Minerva beginnt erst mit der einbrechenden Dämmerung ihren Flug."
Mit diesem tiefsinnigen Bild charakterisiert der Philosoph Hegel die Aufgabe und Position der Geschichtswissenschaft. Denn Athene/Minerva ist ja sowohl die Schutzherrin der Wissenschaften allgemein als auch der Geschichte. Erst nach den großen Geschehnissen, erst am Ende einer Epoche oder gar einer Kultur kann der Historiker seine Arbeit beginnen. Dies gilt auch für kleinere Ereignisse wie z.B. für die Geschichte einer Universität. Dies gilt besonders auch für Will, der am Ende und in der hereinbrechenden Dämmerung der Nürnbergischen Universität Altdorf die umfassendste und fundierteste Geschichte dieser Hochschule geschrieben hat. Mit seiner Person soll auch diese kleine Geschichte der Altdorfer Universität und einiger ihrer großen Gelehrten abgeschlossen werden.

Georg Andreas Will ist am 3o. August 1727 in Obermichelbach geboren, wächst aber in Nürnberg auf und darf mit Fug und Recht als Nürnberger Urgewächs bezeichnet werden. Die Wills waren allesamt Geistliche an den großen Nürnberger Kirchen, und mütterlicherseits stammt er von den Nürnberger Reformatoren Andreas Osiander und Veit Dietrich ab. Will ist andererseits der fränkische Repräsentant der Aufklärung. Etwas Nüchternes, etwas Vernünftelndes ist ja den Franken und gar den Nürnbergern von jeher eigen, aber bei Will ist dies gepaart mit einem liebenswürdigen Charme und einer geradezu weltmännischen Eleganz, trotz einer gewissen Korpulenz. So paradox es klingen mag, Will ist ein fanatischer Anhänger der aufklärerischen Vernunft, des vernünftigen Handelns, und er glaubt fast besessen an die Erziehbarkeit des Menschengeschlechts zur Vernunft. Die Geisteshaltung der Aufklärung ist nach der Klassik und Romantik und vor allem nach den rationalen Krisen des 20. Jahrhunderts in Verruf gekommen. Zu Unrecht, wenn man bedenkt, daß sie die erste demokratische Grundordnung hervorbrachte und wenn man einen so toleranten, maßvollen, vernünftigen und menschenfreundlichen Menschen wie Georg Andreas Will vor Augen hat! Und wenn Eliten sein müssen, dann die Elite der Vernünftigen!

Mit 13 Jahren verliert er seinen Vater, der Pfarrer an der Lorenzkirche war, und bezieht dann 1744 die Altdorfer Universität. Hier schließt er eine lebenslange Freundschaft mit Erhard Christoph Bezzel, auch eine Mode und eine Kunst der Aufklärung; macht bei dem Professor für Poetik und Rhetorik Christian Gottlieb Schwarz seinen Magister und geht schließlich mit 20 Jahren nach Halle zu den beiden großen Aufklärern Christian Wolff und A. G. Baumgarten, die ihn bald in Halle Vorlesungen halten lassen. Auch zu dem Literaturpapst dieser Zeit, zu Johann Christoph Gottsched, knüpft er freundschaftliche Kontakte und kehrt schließlich 1748 nach Altdorf zurück, wo er *„Über die knechtische Furcht vor Gott"* promoviert und dann sieben Jahre Privatdozent bleiben muß. Warum? Die alten Professoren halten den 21jährigen Gelehrten sehr kurz, auch deswegen weil Will eine moralische Wochenschrift *„Der Redliche"*, die sich auch an Leserinnen wendet, herausgibt. Diese aufklärerische Mode, diesen Ausflug in den Journalismus verargen ihm die alten Herren sehr.
1757 wird er dann doch Ordinarius für Philosophie und *„schöne Wissenschaften"*, was die Dichtkunst, Geschichte und die politischen Wissenschaften einschließt, und sehr bald wird Will zum geistigen und gesellschaftlichen Mittelpunkt seiner Altdorfina. Er ist fünfmal deren Rektor und zwölfmal Dekan der philosophischen Fakultät. Er wird zum Kaiserlichen Pfalzgrafen ernannt, wobei dieser schon etwas altmodische Titel auch finanziell einträglich ist, durch das Recht, akademische Titel, Wappen, den Dichterlorbeer und das Amt des Notars verleihen zu können. Er wird Mitglied des größeren Rats der Stadt Nürnberg, Mitglied des Historischen Instituts in Göttingen und gründet eine Gelehrtengesellschaft, die *„Deutsche Gesellschaft in Altdorf"*. In den Hungerjahren 1771/72 versorgt er die Altdorfer Bürger mit billigem Brotgetreide, und schließlich ist er einer der eifrigsten Förderer der Altdorfer *„Anstalt für arme Kranke"*. Nach langer und schwerer Krankheit ist Georg Andreas Will mit 71 Jahren am 18. September 1798 gestorben. Sein Schüler Kiefhaber beschreibt und charakterisiert Will folgendermaßen:

„Bezeichnete gleich seine Stirn den ernsten Denker; so blickte doch Heiterkeit und Wohlwollen aus seinen Mienen. Er war von ahnsehnlichen und wohlgebildeten Körperbau und hatte eine starke und angenehme Sprache...
Der Werth seines moralischen Charakters erhellet aus der zärtlichen Liebe, die er gegen seine beyden Gattinnen bewies, aus seiner Menschenliebe, aus seiner warmen herzlichen Freundschaft, womit er seine Freunde und Collegen umfaßte. So gefällig und dienstwil-

lig er gegen Jedermann war, so müßten dies doch besonders alle seine Schüler von ihm rühmen."

Die philosophischen Vorlesungen

Es ist immer wieder erstaunlich, wie umfangreich und zum Teil breitgefächert das Werk der Professoren aus der Zeit des Barocks und der Aufklärung war, wobei doch die technischen Hilfsmittel relativ bescheiden waren. Diese Gelehrten müssen geradezu besessene und hochkonzentrierte Arbeiter gewesen sein! Von Professor Will sind uns z.B. als ausgearbeitete oder als Skizzen 81 verschiedene Vorlesungen überliefert! Darunter manche Einführungen in die Wissenschaften, die er immer wieder gehalten hat, aber auch einige theologische, philologisch-poetologische, sehr viele historische und natürlich philosophische Vorlesungen. Er las zum Beispiel über die Geschichte der Philosophie, über die Metaphysik von Baumgarten und Kant, und er arbeitete über die Monadologie von Leibniz, wobei mit keiner Silbe erwähnt wird, daß dieser in Altdorf promovierte. Im Jahr 1788 veröffentlichte Will seine *„Vorlesungen über die Kantische Philosophie"*, sieben Jahre nach der ersten Auflage von Kants *„Kritik der reinen Vernunft"*, ein Jahr nach der zweiten umgearbeiteten Auflage. Wenn das nicht Wissenschaft auf aktuellstem Niveau ist! Im Vorwort an seine Hörer schreibt Will:

„Meine Herren! Für Sie sind diese Blätter ursprünglich ... bestimmt gewesen; und nun eigne ich sie Ihnen auch im Drucke zu. Ich gebe Ihnen damit mein Vergnügen und meinen Dank zu erkennen für den zahlreichen, anhaltenden und eifrigen Besuch, den Sie meinen Vorlesungen geschenket haben. ... Vielleicht, so dachte ich, sind es einige wenige, die gern wissen

Vorlesungen zur zeitgenössischen Philosophie

möchten, was in diesen unsern Tagen für eine Revolution in der philosophischen Welt vorgehe, was die Kritik der reinen Vernunft sey, die jetzt immer zur Sprache kommt, und was denn der so hochgepriesene und so sehr herabgewürdigte Kant für ein neues Gebäude auf den Trümmern aller bisherigen philosophischen und metaphysischen Systeme aufführe."

In einem Oktavbändchen von 176 Seiten erklärt er dann Kants Grundgedanken und fordert von sich und jedem anderen Leser: *„Gedult, aushaltende Gedult, lesen, und wieder lesen, und noch einmal lesen, gehört zum Studium dieses tiefsinnigen Forschers ..., und doch schäme ich mich nicht zu sagen, daß mir noch manches, besonders die Lehre von der Freiheit, dunkel sey."* Das ist wahre Aufklärung auch im Sinne Kants: *„Habe Mut, dich deines eigenen Verstandes zu bedienen!"*

Der Meister der Geschichtsschreibung

Die historischen Wissenschaften hatten in Altdorf eine lange Tradition. Schon der streitbare Pastor Jacob Schopper veröffentlichte 1582 einen Folianten *„Descriptio et historia Germaniae oder neue Chorographie und Historie deutscher Nation"*.
Auf Wagenseils erste große Geschichte der Freien Reichsstadt Nürnberg *„De civitate Noribergensi"* von 1697 und auf Baiers *„Ausführliche Nachricht von der Nürnbergischen Universität-Stadt Altdorff"* von 1714 brauche ich nur zu verweisen. Der unmittelbare Vorläufer Wills ist der *„hochberühmte und unsterbliche Historicus und Genealoge"*, so Will selbst, Johann David Köhler (1684 - 1755). Ihn darf man getrost als Wegbereiter der modernen Geschichtsforschung bezeichnen, da er vor allem in den sogenannten Hilfswissenschaften Vorbildliches geschaffen hat. Auf den Gebieten der historischen Geographie, der Münzkunde oder Numismatik, der Genealogie und Heraldik, der Lehre von den Urkunden bzw. der Diplomatik und der Quellenforschung begegnet man überall dem Namen Köhlers. Diesem anspruchsvollen Köhlerschen Maßstab wird Georg Andreas Will in jeder Hinsicht gerecht, ja im Übermaß gerecht. Von 1755 bis 58 erscheinen die vier umfangreichen Bände des *„Nürnbergischen Gelehrten-Lexicons"*, in dem Leben und Werk von über 1500 Gelehrten, Schriftstellern, Künstlern und Technikern des Nürnberger Territoriums überaus genau und sorgfältig beschrieben werden. Daß auch Frauen gewürdigt werden, ist nach Harsdörffers *„Frauenzimmer-Gesprechsspielen"* schon

fast Nürnberger Tradition. Dabei ist er auch sehr kritisch gegenüber seinen Quellen und insgesamt sehr ausführlich. So übertrifft z.B. oft das Verzeichnis der Werke die Anzahl der Seiten der Biographie selbst. Der Nürnberger Stadtrat hat die Bedeutung des Gelehrten-Lexikons erkannt und es entsprechend gefördert, und auch die vorliegenden Kurzbiographien verdanken ihm sehr viel. Von 1802 bis 1808 gibt dann der Altenthanner Pfarrer Christian K. Nopitsch nochmals die vier Bände heraus mit einer Vielzahl von Ergänzungen.

Von 1764 bis 1767 erscheinen in wöchentlichen Lieferungen die *„Nürnbergischen Münz-Belustigungen"*, in denen die meisten Nürnberger Münzen und Medaillen abgebildet und erläutert werden. Dieses numismatische Werk setzt Köhlers Arbeit fort und wächst auf vier Teile an. Eine ähnliche Schrift mit dem Titel „*Der Nürnbergischen Universität Altdorf Denkwürdigkeiten*" (1765) widmet sich den Medaillen und Pokalen der Universität. Hier ist uns zumindest in einer Abbildung der Ehrenpokal der Stadt Nürnberg zur Universitäts-Erhebung von 1623 erhalten.

Bevor ein Wissenschaftler zu Werke geht, sollte er sich in einem Forschungsbericht über den augenblicklichen Stand der Forschung klar werden. Etwas Ähnliches hat Professor Will mit seiner „*Bibliotheca Norica Williana oder Kritisches Verzeichniß aller Schriften, welche die Stadt Nürnberg angehen...*" geschaffen. Von 1772 bis 1792 hat Will in acht Bänden über 10 000 Werke zur Geschichte Nürnbergs aufgelistet und kritisch gewürdigt. Der 5. Band z.B. nennt nur Arbeiten über Altdorf und die Universität. Die 8 000 Bände seiner Norica-Sammlung verkaufte Will übrigens noch zu Lebzeiten der Stadt Nürnberg, die sie bis auf den heutigen Tag vollständig erhalten hat.

Die beiden Meisterwerke zu Altdorfs Geschichte

Als Krönung seines historischen Werkes schuf der schwerkranke Will seine beiden schönsten und für uns bedeutsamsten Werke: *„Geschichte und Beschreibung der Nürnbergischen Universität Altdorf"* von 1795 und die *„Geschichte und Beschreibung der Nürnbergischen Landstadt Altdorf"* von 1796. Nie wieder ist so sorgfältig, so genau und so fundiert mit einer großen Zahl von Quellen über die Universität und über Altdorf geschrieben worden! Der Anfang seiner Vorrede zur Geschichte Altdorfs muß erwähnt werden, er ehrt unsere Stadt und vor allem auch Will:

„Nicht bloß Vorliebe für Altdorf, in welcher Stadt ich volle 50 Jahre wohne ..., sondern auch andere Ursachen haben mich schon lange bestimmt, zur Geschichte dieses kleinen, jedoch nicht unbedeutenden Orts, alles zu sammeln, was sich auftreiben ließ."

Zum Schluß möchte ich nochmals auf den Aufklärer Will, auf den philosophischen Kopf zurückkommen und hier auf eine mögliche Erklärung für ein geglücktes Leben hinweisen. In der Auseinandersetzung mit dem Skeptiker Kant, der *„das Princip der Glückseligkeit ... verwerflich"* findet, schreibt Will:

„Nein, theuerster Kant, dies ist nicht das Bild der Glückseligkeit, das wir uns machen, und das sich Leibnitz gemacht hat... ; dies ist nicht die Glückseligkeit, die wir vielmehr und vornämlich in der Aufklärung des Geistes, in der Zufriedenheit des Herzens, in der Beruhigung mit sich selbst und allen seinen Schicksalen, in der glücklichen Bekämpfung der Leidenschaften, und in der frohen Hoffnung und Erwartung der bessern Zukunft gesetzet haben."

Literaturverzeichnis

Geschichte der Universität
Anonym: Introductio novae ScholaeAldorfinae Noribergensium (Statuta, Ordnung und Satzung ... new auffgericht Gymnasium zu Altdorff betreffend) Noribergae 1576
Nößler, Georg, Hrsg.: Actus publicationis privilegiorum doctoralium ..., Altorphi 1624
Wurffbain, Leonhart: Beschreibung der Nürnbergischen Landstatt... Altdorff, Handschrift von 1647
Omeis, Magnus Daniel: Gloria Academiae Altdorfinae, Altdorf 1683
Puschner, Joh. Georg: Amoenitates Altdorfinae, Nürnberg vor 1711
Baier, Joh. Jacob: Warhaffte ... Beschreibung der Nürnbergischen Universität-Stadt Altdorff..., 1714 / 1717
Puschner, Joh. Gg.: Altdorffische Prospekten, Nürnberg 1718
Schwarz, Christian Gottlieb: Acta sacrorum saecularium, Altdorf 1723
Anonym: Das Merckwürdigste von der Löblichen Nürnbergischen Universität-Stadt Altdorff..., Altdorf 1723
Anonym: Das... jetz-lebende Altdorff... 1731
Will, Georg Andreas: Geschichte und Beschreibung der Nürnbergischen Universität Altdorf, 1795 / 1801
Will, Gg. A.: Geschichte der Landstadt Altdorf, Altdorf 1796 / 2. Aufl. 1801
Will, Gg. A.: Der Nürnbergischen Universität Altdorf Denkwürdigkeiten von Münzen, ... Nürnberg 1765
v. Murr, Christoph Gottlieb: Beschreibung der vornehmsten Merkwürdigkeiten in des H.R. Reichs freyen Stadt Nürnberg und auf der Hohen Schule zu Altdorf..., Nürnberg 1778 / 2. Aufl. 1801
Hartmann, Bernhard: Kulturbilder aus Altdorfs akademischer Vergangenheit, Nürnberg 1886
Böhm, Johannes: Kurze Beschreibung und Geschichte der Stadt Altdorf, Nürnberg 1888
Böhm, Johannes: Altdorf und sein Festspiel, in Ztft. „Das Bayerland", München 1894
Aukamp, Ilse: Fränkische Universitätspolitik des Grafen Maximilian v. Montgelas, Diss. Erlangen 1936
Lengenfelder, Konrad: J. G. Puschners Ansichten der Nürnbergischen Universität Altdorf, Nürnberg 1958
Gebessler, August: Landkreis Nürnberg, Bayerische Kunstdenkmale, Bd. XI, München 1961
Recktenwald, Horst Claus, Hrsg.: Gelehrte der Universität Altdorf, Nürnberg 1966
Keyser, Erich und Stoob, Heinz: Bayerisches Städtebuch, Teil 1, Stuttgart 1971
Recknagel, Hans: Die Nürnbergische Universität Altdorf, Altdorf 1993
Will, G. A.: Gedächtniß des ... gelegten Grundes des... Collegien-Gebäudes..., Altdorf 1771
Mechs, Johann: Aus der Geschichte der ehemaligen Universität Altdorf, in „Hist.-Pol. Blätter" 1892
Reinhard, Ewald: Die Universität Altdorf, in „Histor. Jahrbuch" 1912
Schröder, Edward: Von der Nürnbergischen Universität zu Altdorf, in „Jahrbuch für klass. Altertum" 1913
Kreiner, Artur: Die Bedeutung der Altdorfer Universität, in „Reichswaldblätter" 1936
Ernstberger, Anton: Die feierliche Eröffnung der Universität Altdorf, in „Jbch. für fränk. Landesforschung" 1953
Liermann, Hans: Erlangen - Nürnberg - Altdorf, in „Jahrbuch für fränk. Landesforschung" 1962
Lengenfelder, Konrad: Ein unbekannter Plan Altdorfs von 1575, in „Alt nürnberger Landschaft" 1960
Kunstmann, Heinrich: Die Nürnberger Universität Altdorf und Böhmen, Köln 1963
Hudak, Adalbert: Die Beziehungen der Universität Altdorf zu Südosteuropa, in „Altnbger. Landschaft" 1966
Recknagel, Hans: Verbindungen zwischen der Nbger. Universität Altdorf und Böhmen, in „Frankenland" 1997
Recknagel, Hans: Der Athenebrunnen der Hohen Schule zu Altdorf, in „Altnürnberger Landschaft" 1993

Organisation der Universität
v. Scheuerl, Siegfried: Die theologische Fakultät Altdorf (1575 - 1623), Nürnberg 1949
Leder, Klaus: Universität Altdorf, Zur Theologie der Aufklärung, Nürnberg 1965
Mummenhoff, Gerhard: Die Juristenfakultät Altdorf (1576 - 1626), Diss. Erlangen 1958
Günther, Siegmund: Mathematik und Naturwissenschaften an der ... Universität Altdorf, in MVGN 3/1881
Klee, Friedrich: Geschichte der Physik an der Universität Altdorf bis zum Jahr 1650, Erlangen 1908
Landau, Richard: Die Universität Altdorf und ihre medizinische Fakultät, Nürnberg 1902
Horn, Ewald: Die Disputationen und Promotionen an den deutschen Universitäten, Leipzig 1893
Will, G. A.: Nachricht von der... Trewischen Bibliothek..., Altdorf 1770
Werner, Gunda / Schmidt-Herrling, Eleonore: Die Bibliotheken der Universität Altdorf, Leipzig 1937
v. Steinmeyer, Elias: Die Matrikel der Universität Altdorf, Würzburg 1912
Kreiner, Artur: Die jährlichen Neueinschreibungen... Altdorf, in MVGN 1940

Studentenleben
Senatsprotokolle / Actorum privatim et in Senatu Academiae Altorphinae, Handschrift ab 1590
Hulsius, Levin: Außzug dern Emblematum und Schulgaben..., Frankfurt 1603
Puschner / Dendrono: Natürliche Abschilderung des academischen Lebens, Nürnberg 1725
Christ, Joh. Fr.: Historische Nachricht von dem... Lustort, die Löwen Grufft, in „Fränk. Acta erudita" 1727
Will, G. A.: Die Geschichte des Alumnei zu Altdorf..., Altdorf 1763
Winterschmidt, Adam Wolfgang: Der tugend- und lasterhafte Studente, Nürnberg 1764
König, Joh. Christoph: Akademisches Lehrbuch für studirende Jünglinge, Nürnberg 1785
v. Lang, Karl Heinrich: Memoiren, Braunschweig 1842
Baader, Joseph: Wallenstein als Student an der Universität Altdorf, Nürnberg 1860
Siegl, Karl: Wallenstein auf der Hohen Schule ..., in „Mitteil. ... Geschichte der Deutschen in Böhmen" 1911
Recknagel, Hans: Die historischen Quellen des Wallenstein-Spiels, in „Festschrift" 1988 ff.
Stopp, Frederick John: The Emblems of the Altdorf Academy, London 1974
Lengenfelder, Konrad: Die Emblemata der Hohen Schule zu Altdorf, in „Altnürnberger Landschaft" 1977
v. Stromer, Wolfgang: Die Sophienquelle, Nürnberg 1980
Goldmann, Karlheinz: Nürnberger und Altdorfer Stammbücher..., Nürnberg 1981
Kurras, Lotte: Zu gutem Gedenken... aus Stammbüchern, München 1987
Recknagel, Hans: G. W. Leibniz und die Nürnberg. Universität Altdorf, in „Altnürnberger Landschaft" 1996

Besondere Einrichtungen
Baier, Joh. Jac.: Horti medici... historia, Altdorfii 1727
Röhrich, Heinz: Zur Geschichte des Doctorgartens, in „Erlanger Bausteine" 1964
Recknagel, Erika: Der botanische Garten, Altdorf 1993
Henrich, Ferdinand: Über das chemische Laboratorium..., in „Zeitschrift für angewandte Chemie" 1926
Will, G. A.: Kurze Geschichte der Altdorfischen Buchdruckere, in „Museum Noricum", Altdorf 1759
Ernesti, Joh. Hch. Gottfried: Die wohleingerichtete Buchdruckerei, Nürnberg 1733
Lengenfelder, Konrad: Ex Officina Hesseliana, Nürnberg 1963
Keunecke, Hans-Otto, Hrsg.: Hortus Eystettensis, Zur Geschichte eines ... Buches, München 1989

Professoren
Doppelmayr, Joh. Gabriel: Historische Nachricht von den Nürnberg. Mathematicis und Künstlern..., 1730
Will, G. A.: Nürnberger Gelehrtenlexikon..., 4 Bde. Nürnberg, Altdorf 1755 - 58, 2. Aufl. ab 1802
Müller, Joh. Gg. Hch.: Schattenrisse der jetztlebenden Altdorfischen Professoren..., Altdorf 1790
Kreiner, Artur: Professorenschicksale... Altdorfs, in MVGN 1940
Schmid, F. X.: Nicolaus Taurellus, der erste deutsche Philosoph, Erlangen 1864
v. Stintzing, R.: Hugo Donellus in Altdorf, Erlangen 1869
Burg, Fritz: Über die Entwicklung des Peter-Squenz-Stoffes, in „Ztft. f. Dtes. Altertum" 1880
Berns, Jörg Jochen: Einleitung zum Faksimile von Schwenters „Erquickstunden", Frankfurt 1991
Brunner, Horst: Anhang zu Wagenseils „... der Meister-Singer holdselige Kunst", Göppingen 1975
Aring, Paul Gerhard: Wage du zu irren und zu träumen (Wagenseil), Leipzig 1992
v. Freyberg, Bruno: Joh. Jac. Baiers Oryktographia Norica, Erlangen 1958
Kaiser, Wolfram und Völker, Arina, Hrsg.: Johann Hch. Schulze und seine Zeit, Halle 1987
Heister, Laurentius: Chirurgie, Nachdruck Osnabrück 1995
Rüster, Detlef: Alte Chirurgie, Berlin 1985
Kiefhaber, Joh. Carl Siegmund: Leben und Verdienste G. A. Wills, Nürnberg 1799
Bock, Friedrich: G. A. Will, ein Lebensbild aus der Spätzeit der Universität Altdorf, in MVGN 1950
Bibliographien
Will, G. A.: Bibliotheca Norica Williana, Bd. 5, Altdorf 1775
Erman, Wilh. und Horn, E.: Bibliographie der deutschen Universitäten, 2. Teil, Leipzig 1904
Pfeiffer, Gerhard: Fränk. Bibliographie, Würzburg 1965

Inhaltsverzeichnis

	Seite
Vorwort	
I. Geschichte der Universität	9
II. Organisation und Lehrbetrieb	29
III. Studentenleben	45

IV. Besondere Einrichtungen .
     Hortus medicus
     Anatomie
     Chemisches Labor
     Observatorium
     Universitätsdruckereien
	69

V. Bedeutende Professoren
     Donellus, Praetorius, Schwenter, Trew,
     Nößler und Hoffmann, Wagenseil,
     Sturm, Zeltner, Baier, Heister,
     Schulze, Will
	95

Literaturverzeichnis

Inhaltsverzeichnis